"十三五"国家重点图书出版规划项目

西方古典学研究
编辑委员会

主　编：黄　洋　（复旦大学）
　　　　高峰枫　（北京大学）

编　委：陈　恒　（上海师范大学）
　　　　李　猛　（北京大学）
　　　　刘津瑜　（美国德堡大学）
　　　　刘　玮　（中国人民大学）
　　　　穆启乐　（Fritz-Heiner Mutschler，德国德累斯顿大学）
　　　　彭小瑜　（北京大学）
　　　　吴　飞　（北京大学）
　　　　吴天岳　（北京大学）
　　　　徐向东　（浙江大学）
　　　　薛　军　（北京大学）
　　　　晏绍祥　（首都师范大学）
　　　　岳秀坤　（首都师范大学）
　　　　张　强　（东北师范大学）
　　　　张　巍　（复旦大学）

西方古典学研究

Classics
Why
It
Matters

Neville Morley

[英] 内维里·莫利 著
曾毅 译

古典学为什么重要

北京大学出版社
PEKING UNIVERSITY PRESS

著作权合同登记号 图字：01-2019-1108
图书在版编目（CIP）数据

古典学为什么重要 /（英）内维里·莫利著；曾毅译. —北京：北京大学出版社，2020.3
（西方古典学研究）
ISBN 978-7-301-30994-0

Ⅰ.①古… Ⅱ.①内… ②曾… Ⅲ.①世界史 - 文化史 - 研究 Ⅳ.①K103

中国版本图书馆 CIP 数据核字（2019）第 291925 号

Classics: Why It Matters, by Neville Morley, first published in 2018 by Polity Press
© Neville Morley 2018
This edition is published by arrangement with Polity Press Ltd., Cambridge
Simplified Chinese Edition © 2020 Peking University Press
All Rights Reserved
本书简体中文版专有翻译出版权由 Polity Press 授予北京大学出版社

书　　　　名	古典学为什么重要 GUDIANXUE WEISHENME ZHONGYAO
著作责任者	[英]内维里·莫利 著　曾　毅 译
责任编辑	王晨玉
标准书号	ISBN 978-7-301-30994-0
出版发行	北京大学出版社
地　　　　址	北京市海淀区成府路 205 号　100871
网　　　　址	http://www.pup.cn　新浪微博：@北京大学出版社
电子信箱	pkuwsz@126.com
电　　　　话	邮购部 010-62752015　发行部 010-62750672　编辑部 010-62752025
印　刷　者	北京中科印刷有限公司
经　销　者	新华书店 730 毫米 ×1020 毫米　16 开本　8.625 印张　100 千字 2020 年 3 月第 1 版　2020 年 11 月第 2 次印刷
定　　　　价	38.00 元

未经许可，不得以任何方式复制或抄袭本书之部分或全部内容。
版权所有，侵权必究
举报电话：010-62752024　电子信箱：fd@pup.pku.edu.cn
图书如有印装质量问题，请与出版部联系，电话：010-62756370

"西方古典学研究"总序

古典学是西方一门具有悠久传统的学问,初时是以学习和通晓古希腊文和拉丁文为基础,研读和整理古代希腊拉丁文献,阐发其大意。18世纪中后期以来,古典教育成为西方人文教育的核心,古典学逐渐发展成为以多学科的视野和方法全面而深入研究希腊罗马文明的一个现代学科,也是西方知识体系中必不可少的基础人文学科。

在我国,明末即有士人与来华传教士陆续译介希腊拉丁文献,传播西方古典知识。进入20世纪,梁启超、周作人等不遗余力地介绍希腊文明,希冀以希腊之精神改造我们的国民性。鲁迅亦曾撰《斯巴达之魂》,以此呼唤中国的武士精神。20世纪40年代,陈康开创了我国的希腊哲学研究,发出欲使欧美学者以不通汉语为憾的豪言壮语。晚年周作人专事希腊文学译介,罗念生一生献身希腊文学翻译。更晚近,张竹明和王焕生亦致力于希腊和拉丁文学译介。就国内学科分化来看,古典知识基本被分割在文学、历史、哲学这些传统学科之中。20世纪80年代初，我国世界古代史学科的开创者日知（林志纯）先生始倡建立古典学学科。时至今日，古典学作为一门学问已渐为学界所识，其在西学和人文研究中的地位日益凸显。在此背景之下，我们编辑出版这套"西方古典学研究"丛书，希冀它成为古典学学习者和研究者的一个知识与精神的园地。"古典学"一词在西文中固无歧义，但在中文中可包含多重意思。丛书取"西方古典学"之名，是为避免中文语境中的歧义。

收入本丛书的著述大体包括以下几类：一是我国学者的研究成果。近年来国内开始出现一批严肃的西方古典学研究者，尤其是立志于从事西方古典学研究的青年学子。他们具有国际学术视野，其研究往往大胆而独具见解，代表了我国西方古典学研究的前沿水平和发展方向。二是国外学者的研究论著。我们选择翻译出版在一些重要领域或是重要问题上反映国外最新研究取向的论著，希望为国内研究者和学习者提供一定的指引。三是西方古典学研习者亟需的书籍，包括一些工具书和部分不常见的英译西方古典文献汇编。对这类书，我们采取影印原著的方式予以出版。四是关系到西方古典学学科基础建设的著述，尤其是西方古典文献的汉文译注。收入这类的著述要求直接从古希腊文和拉丁文原文译出，且译者要有研究基础，在翻译的同时做研究性评注。这是一项长远的事业，非经几代人的努力不能见成效，但又是亟需的学术积累。我们希望能从细小处着手，为这一项事业添砖加瓦。无论哪一类著述，我们在收入时都将以学术品质为要，倡导严谨、踏实、审慎的学风。

我们希望，这套丛书能够引领读者走进古希腊罗马文明的世界，也盼望西方古典学研习者共同关心、浇灌这片精神的园地，使之呈现常绿的景色。

"西方古典学研究"编委会
2013年7月

目 录

I 古典学出了什么问题? 1

II 厘清过去 41

III 理解当下 75

IV 放眼未来? 97

后 记 121

延伸阅读 127

I 古典学出了什么问题？

知识的基础

古典学是关于古代地中海世界的社会文化及其文学和艺术作品的研究。它为何重要？这样的问题在大约500年前会被认为荒谬绝伦：当时，受过良好教育的欧洲精英阶层普遍所谓的知识，指的就是关于古代希腊、罗马著作的知识，也是他们赖以理解自然世界、人类社会、政治以及艺术的基础。（这种知识与精神世界和《圣经》所揭示的真理之间的关系则是更富争议性的问题。）由于教会的存在，拉丁语当时在学问和法律领域已经是一门跨欧洲的语言。即使在十五六世纪，当人文学者们开始制订新的教育方案以代替教会学校提供的课程时，拉丁语仍是整个教育的基础。因此，拉丁语成为一切科学与智识交流中不可或缺的媒介。牛顿、莱布尼茨和笛卡尔这样的人物也用拉丁语来出版自己最重要的著作，以使自己的观点可以被整个欧洲的受众知晓。由于高阶拉丁语的教学以罗马时代的古典文本为媒介，在教学过程中，就连最缺乏历史头脑的学生也会吸收大量罗马文学和文化方面的知识——无论他们最终是否把这门语言忘了个干净。在教育良好的阶层的对话和书信里，古典时代的人名和典故就像他们各自国家的文学和历史中的任何内容一样信手拈来。

更重要的是，学习古典语言是了解古典知识和智慧的最佳方式。14世纪，智识和文化领域的急剧活跃发轫于意大利，并在接下来的两百年中扩散到西欧其他地区。我们将这一时期称为文艺复兴，而文艺复兴正被视为古典学问的重生，因为它将古典知识从晦昧与宗教压迫之下发掘出来，让人们可以将这些知识再度付诸实践，以期在文化成就上可以比肩古希腊人和古罗马人。古典学问的所有领域得以为一个新生的欧洲所享用：一开始，这种学习过程完全倚仗拉丁语作者；后来，他们之前的希腊古典作者也逐渐被纳入视野——1453年，君士坦丁堡陷落，导致说希腊语的人群和他们的文献共同西迁，让这种情况变得越发显著。学者们意识到，许多个世纪的抄写和重抄过程让这些文献中出现了错误和异文，因此他们投入巨大的精力来改善这些文献的质量。一些人努力重现那些被遗忘的（或有意遭到埋没的）作品，或是在不知名的图书馆中挖掘，或是以搜检字里行间的方式（绝无夸张）来阅读那些被称为重写本（palimpests）的钞本——因为塔西佗或奥维德等人作品的纸页曾被再次利用，用于书写后来的基督教著作，但上面的原文仍可以识读。另一些人则致力于让更多人能够了解这些知识，将希腊文本翻译成拉丁文，又将拉丁文本翻译成各国的地方语言。例如，普鲁塔克作品《名人传》(*Parallel Lives*) 的托马斯·诺斯（Thomas North）英译本就为莎士比亚提供了诸多情节和大量典故，而托马斯·霍布斯翻译的修昔底德作品至今仍对政治理论产生着影响。

　　古典智慧在过去被视为一切知识的源泉。亚里士多德是科学的鼻祖，泰奥弗拉斯托斯（Theophrastus）和托勒密等人物紧随其后，此外还有医学领域的盖伦（Galen）。哲学始于柏拉图和亚里士多德，又经西塞罗和塞涅卡承递。希罗多德和修昔底德开创了史学写作，而李维、萨卢斯特和塔西佗则为如何书写某个国家或某位统治者的历史提供了更多指引，为马基雅弗利和霍布斯这样的政治理论家提供了观念，也为雄心勃勃的年轻政客们提供了修辞的模板。亚历山大和恺撒的征战，以及种种关于战略和战术的古代指南，让最晚近的军事科学也受益匪浅。至于普鲁塔克，由于其为古希腊和古罗马杰出人物书写的《名人传》，也由于他创造的大量劝诫格言，可以说他提供了一套关于人应当如何适应世界的完整教育。同时，艺术家们也注目于古人在诗歌、戏剧、雕塑和建筑领域的成就，了解亚里士多德等人关于悲剧、昆提利安关于修辞、奥维德关于诗歌，以及维特鲁威（Vitruvius）关于建筑的理念，还有他们关于这些作品如何发挥作用以及作者应当遵循哪些规则的观点。就连"日常生活"领域也不例外：农事指南——如瓦罗的那部作品*——对任何土地拥有者来说都是重要的建议来源，尽管在我们看来，这些指南实际针对的显然是一个完全不同的世界。

鉴于人们不可避免地会遭遇观点或实践上的分歧，因此关于应该听从**哪一种**古典权威的问题，还有巨大的争论空间。然而，作为知识、理解，以及实践和理论智慧的源泉，古希腊人和古罗马人的作品的重要性则无可争议。关于这些学问与《圣经》传统（biblical and scriptural tradition）之间的联系，人们还要提出种种问题。这样的疑问一直延续到19世纪：在某些主题上——如宇宙的本质、

---

* 指 Marcus Terentius Varro 的作品《论农业》（*Rerum rusticarum libri III*）。——译注（*为译者注，下同不另注。）

神（无论单数还是复数）的角色，或明显彼此相歧的历史叙事，等等——古典文献和经卷文献提供了不同的视角，我们是应当加以调和，偏袒一方或另一方，还是简单地回避问题？至少对于艺术家和科学家来说，一个更紧迫的问题是：在不同的领域里，后古典时代的人们有多大的可能与古代的先贤比肩，乃至超越他们？古典成就的伟大自然毋庸置疑，但是难道它已臻完全和完美，以致现代*人只能模仿，只能在不同的古典权威中做出选择，或者最多不过是为业已确立的知识添加一些小小的注脚？

古人与今人

即便在17世纪中叶，很多人也已经明白：那种要求完全顺服于古典权威的"崇古"立场是无法坚持的。在科学、数学和技术领域，现代的研究和调查技术不仅远远超过了古人成就的水平，更在一些重要方面（太阳系的结构便是一例）与古人以及《圣经》权威的主张相抵牾。哪怕我们

---

* 原文中的modern我统一译作"现代"，泛指中世纪之后的历史时期。根据语境的不同，有时更偏于中文中"近代"的含义。

接受威廉·坦普尔（William Temple）在 1690 年对皇家学会中那些进步主义者发起的攻击——"论古代与现代的学问"（"On Ancient and Modern Learning"）——中表达的观点，即现代人之所以看得更远，是因为他们站在巨人的肩上，那也明白地承认了这一点：古代的权威就其本身而言难称**自足**，亦非完全。因此，随着现代知识和理解的积累，古典学问愈发丧失其中心地位。在这样的语境中，拉丁语的用处在于它使得科学家们可以跨越语言的疆界与同行交流，而非在于它能让人接触到古代思想的宝藏。因此拉丁语被视为与受教育阶段相关的一项基础能力，不一定需要一生操习。对古代审美原则永恒正确的信念坚持了更长时间。事实上，古典艺术作为艺术家之学习典范的重要性一再得到人们重申。例如，18 世纪晚期，由于约翰·约阿希姆·温克尔曼（J. J. Winckelmann）对古典雕塑的权威研究，"观景殿的阿波罗"（Apollo Belvedere，图 1）这样的作品成为"崇高之简洁与宁谧之庄严"的象征。然而，对古典规范的遵循日渐成为一个艺术选择的问题，成为多种美学可能性中的一种，而非唯一可以接受的形式。我们可以做出 17 世纪法国剧作家让·拉辛（Jean Racine）那样的选择：不仅创作基于古典情节的悲剧，并且严格遵循亚里士多德的悲剧理论原则——尽管众多古典悲剧并不符合

图 1 观景殿的阿波罗：罗马时代复制品（公元 2 世纪）；原作为希腊青铜像（公元前 4 世纪），已佚。所谓古典式完美便是如此？（盖蒂图片社）

此种标准。然而，拉辛的众多同代人却对戏剧艺术的不同形式展开了探索。约翰·弥尔顿（John Milton）的《失乐园》（*Paradise Lost*）是一次挑战古代史诗的明显尝试，也是一次探索如何在基督教语境下创作史诗的明显尝试，尽管它也受到古代典范的影响，或者说对古代典范有所模仿。

此外，人们也越来越意识到当下与过去的古典时代之间在物质意义上和社会意义上的差异，因此提出了关于古典知识是否正确、是否有用的问题。简而言之，世界正在变化，其变化的程度让人们无法回避这一事实：例如，随着欧洲经济的发展和对新生产技术的接受，物质的丰富和征服自然的力量都增长了，并且远远超出古人可以掌握的程度。这些改变的后果仍可以用古典话语来解释——一些人将这些改变斥为"奢靡"，并预言它们会导致社会灾难和道德灾难，正如萨卢斯特已经证明过罗马如何被其不断增长的财富腐化。然而，要令人信服地主张古代世界真的经历过如此的经济技术革命并不容易。新的知识形式——无论是政治经济学还是其他呼之欲出的社会科学——为现代的发展提出了不同的解释。这使得现代人不仅可以理解自己的世界，也能掉转这些智识工具的矛头，将它们用于过去，从而比古希腊人和古罗马人更好地理解他们的世界。

从这个视角来看，古典时代就显得落后乃至原始了：它并非一切文明的巅峰，让我们现代人只能尝试模仿；它转而被视为一个起点——现代欧洲如今已超越了它，并将继续与之渐行渐远。

这一历史发展并非总被视为积极：每一次有人赞美现代性带来的新力量和推动，便会有人哀悼我们因为远离古代而损失的完整性、真实性、灵魂以及美。"如今，我们的智者说那里只有一个火球，空无灵魂地运行，而从前驰骋于彼的，是驾驭金色战车的赫利俄斯，静默而威严，"德国诗人弗里德里希·席勒在他1788年的作品《希腊诸神》(*The Gods of Greece*)中哀叹。[1]对希腊文化的崇拜在18—19世纪达到一个新的高度，让人们产生疑问：为何现代艺术家坐享种种社会优势，却无法与希腊先贤比肩？在这个属于火药与枪弹*，属于印刷机的时代，阿喀琉斯——或者说整个属于英雄主义和神话的史诗传统——是否还有可能？卡尔·马克思也曾如此发问。我们为何会如此怀念来自一个更加"原始"的时代的文化产品？[2]去神话的和祛魅的现代性是当下回响不散的主题，从诗人凯特·坦佩斯特对

---

* 原文为 power and lead，为 powder and lead 之误。

现代生活**并非**全无价值的坚称中,我们便可以看出这一点:

> 我们的颜色**已是**喑哑而灰暗,
> 而我们的战斗仍在上演,
> 我们依旧是神话的种族……
> 然而,那忘记了自己的神话、
> 以为此刻就可谓一切的人,
> 他们的不幸令人悲叹,
> 除了孤独与焦虑,别无一物……[3]

这种区分古代与现代的缓慢进程,以及对进步(或者至少是变化)和优越(或者至少是差异)的不断增强的信念,并不意味着关于古典时代的知识已经完全不适用于当下。就某些方面而论,人们反而认为这种知识变得更加重要了,将之视为一种工具,用于理解现代欧洲文明及其独特的本质与变化机理。对欧洲起源的探寻,再加上一种日益增强的,认为熟知文献需要受到评估、批判,需要与其他证据相互质证的想法,为愈发深入的古典历史研究(尤其是对其实物遗存而非仅仅是文本遗存的研究)赋予了动力。古典希腊遗迹在18世纪的重见天日,以及欧洲北方精英阶层子女那种绵延不断的、以地中海地区为目的地的壮游传统，进一步加强了认为古典时代的希腊罗马与现代西欧文明之间存在着特别联系的观念，同时又创造出一种新的起源神话，将现代欧洲人描述为这一古典文明真正的直接继承人。古典知识至少在智识活动的某些领域中仍有价值：柏拉图与亚里士多德在20世纪依然稳稳占据哲学世界中的崇高位置，历史写作中的修昔底德同样如此；此外，古典神话仍以不同形式源源不断地为艺术家和作家提供有力而易于改造的素材。古代世界的建筑仍旧是一种重要的典范，为如何以石料来展现和夸耀世界的统治力量提供了模板，对法国和英国的王权来说尤其如此。

然而现代世界的艺术仍旧要求新颖性，要求对可塑原料进行再制作而非亦步亦趋地模仿古代范本，要求适合新社会形态的新表现形式。在本质上属于现代的小说和交响乐的创作中，古典文化鲜有贡献。古典形式与平稳、保守的布尔乔亚趣味之间的联系变得越发紧密。如果说现代主义与古典时代有任何关系的话，它也只是从神话中撷取原料，并强调其中非古典的粗粝成分。无论是巴勃罗·毕加索的《米诺陶》（*Minotaurs*，1935）、斯特拉文斯基的《俄狄浦斯王》（*Oedipus rex*，1927），还是詹姆斯·乔伊斯在《尤利西斯》（*Ulysses*，1922）中以都柏林为背景对《奥德赛》的改造皆是如此。在后者中，酒吧女侍和妓女取代了塞壬

和喀耳刻的位置,而承袭自古典诗歌和日常语体诗歌的语言也杂糅一处:

> 啊!噢!不要说了!喝不上那杯啤酒,我整个人都长绿毛了。向上帝发誓,我能听见它在我胃里的嘀嗒声。
>
> 看哪,当他们快活地将那杯中酒一饮而尽,一个有如天神的信使步履轻捷地到来,一个像天空之眼一样光芒四射的美好青年;在他身后进来的,是一个步态和仪容都高贵的长者,手持神圣的法典书卷;与他一起的,是他那血脉高贵无比的夫人,也是女子中最美之人。[4]

乔伊斯的小说有赖于古典故事所传承的力量,然而他在此引入古典式的华丽高贵只是为了嘲讽它,拒斥了一切关于过去的时代拥有内在优越性的观念。

古典学的诞生

18世纪下半叶,随着古典权威的倾圮,作为一个学科、一个拥有其自身规则和惯例的知识分支,古典学诞生了。这个学科当然可以将它的谱系、它的众多治学惯例和教学技巧——文本分析和语言分析中所使用的、常被称为"语文学"(philology)的那套技术——上溯至文艺复兴时代的人文主义者以及更早的源头。然而,尽管古典知识与古典语言之于早期现代学者有如水之于鱼,是他们赖以生存的环境——超出其外的存在则完全不可想象,但智识生活已经进化出了腿脚,准备开启对陆地的探索。如今,除非是作为一种对学问精湛的展示,很少有人还会使用拉丁语写作(在那些从事严肃科学研究或是研究当下问题的人中,这样做的自然更加稀少);对古典语言的精通已成为一种人们用以研究历史文本的技术,而不再服务于任何当代目标。中学和大学阶段的教育也越来越为其他显然更加有用的学科腾出空间。

此外,许多个世纪以来,学者们致力于将希腊人与罗马人的著作译成更为易读的形态,这意味着一位使用某种主要欧洲语言的谈论者可以了解古典文化与古典学问的经典成果,同时无须掌握任何有关其源语言的知识。另一些学者则努力以更为易读(可能也更为精确)的方式讲述希腊罗马的历史和思想:他们将古代历史学家的不同著作联系起来,加以综合,以创造一种更具批评性和一致性的叙事。艺术家和建筑师们或是从对古典艺术作品和建筑本身的鉴赏中汲取灵感，或是研究副本、仿作和图解；对创造性写作者而言，无论他们出于何种原因对古代语言只有有限的了解乃至一无所知，他们仍能通过更为易读的形态（如对希腊悲剧的改编，对神话的重新讲述，以及翻译和改写）接触到古典文化。正如约翰·济慈讲述他遭遇乔治·查普曼（George Chapman）的1616年版荷马史诗译本时所言：

> 我时常听人说起那片广大的国度，
> 那是睿智的荷马的领地，以他为君长；
> 然而其中的纯洁宁谧我从未嗅闻
> 直到听见查普曼勇敢而高声的讲述。
> ……[5]

我们有必要强调一点：济慈在此呈现的，并非英文版荷马史诗和"真正的"希腊文版本之间的对比，而是将荷马史诗转入英文的不同路径之间的比较——他更青睐查普曼那个"活力洋溢"、更加自由的版本，而非后来出自亚历山大·蒲柏或约翰·德莱顿之手那些更优雅（也更具古典学究气、更准确）的译本。济慈因为缺乏良好的古典教育而受到同代人的嘲讽（在一些人看来，就连依赖蒲柏和德莱顿也是智识低下的标志），但这并未阻止他以巨大的想象力将过去的古典时代呈现于当下。

尽管古典时代的文化产品在现代智识活动的某些领域里已经失去了阵地，它们仍在其他众多领域中不断为我们带来启发。然而，我们或许会问：我们是否有必要建立一个学科为这种持续影响服务？这不仅是因为如今我们无须对拉丁语或希腊语有任何深入了解就能接触到古代文化的最优秀成果，也因为语文学之外的其他学科可能更好地支撑关于古典时代的学术研究。例如，希腊罗马历史这一领域可以交给历史学家——他们并未将自己依靠的证据来源局限于古典时代的文学巨著，尤其会利用收集数量日渐增长的实物证据，此外他们还可以参照其他古代文明，建立起有效的对比。罗马法研究在很大程度上已经为法学专家而非拉丁文专家所主导。那么，哲学、政治、社会和其他领域的研究为何不能同循此例？如果说古典学在希腊罗马文化传承的意义上具有重要性，并将保持这种重要性，那么，对作为一个学科的古典学来说，这种重要性并不能自动成立。在19世纪和20世纪的一连串巨变中，随着新大学的创立和各个教育阶段中众多课程改革的出现，古典学总是面临着威胁：或是解散，或是被其他学科瓜分，或者

（在最好的情况下）被降格为仅仅负责语言教学的残余；即使还有人追求对古代的阐释，他们也会自认为是历史学家、哲学家或艺术史学家，而非古典学者。从以下事实中，我们便可以看出这一威胁（如果可以将之视为威胁的话）的现实性：众多大学已将古代史纳入历史系，将古典哲学交给哲学家，将实物遗存研究归于考古学，而非将一切古典研究统统交给语文学家和他们的同道来负责，在英国以外尤其如此。

古典学在 19 世纪中熬过了这些巨变，将自身树立为一个在中学和大学中依旧地位尊崇的学科，保持了不同于历史学等异军突起的对手的特色。这样的成功至今仍然影响着这一学科的定位和地位。从哲学家黑格尔发表于 1809 年的文章《论古典研究》（On Classical Studies）中，我们可以窥见该世纪初那种必不可少的策略之一斑。他在文章中反思了德国新引入的教育体系——拉丁语在这一体系中"失去了长久归属于它的、作为共同乃至唯一之教育基础的尊严。其本身不再被视为一种目的"。黑格尔认为，考虑到古代与现代的巨大差异，这样的变化是完全应当的：

> 难道我们不应该相信：现代的种种成就、我们的光芒和一切艺术与科学中的进步，已经撑破了它们在

童稚时罩在身上的希腊罗马外袍,已经足够成熟而不再需要学步绳,已经足以让它们在属于自己的疆土上自由开拓?[6]

这种关于过去与现在之间的差异的感觉或许会被当成将古典研究整体降级的根据;古人的作品"将只能与记忆、与可有可无的学识古董、与仅有历史价值之物同列"。然而黑格尔认为,那样的教育将会太过狭隘、太过局限,背离了教育的本质和目标:

> 如果我们同意将杰出作为出发点,那么将希腊文学置于首位、将罗马文学置于次席的做法就是高深研究的基石,并应保持如此……若以此为开端,对古人仅有敷衍式的泛泛了解是不够的;我们必须与他们同住一处,如此才能呼吸到他们的空气,吸收他们的观念、他们的方式,乃至他们的错谬和偏见,从而在这个世界中、在这个有史以来最美好的世界中安然栖居。[7]

在黑格尔看来,教育不仅关乎知识,更是关乎心智与灵魂的成长。这样高远的目标要求我们不断浸淫于人类创造力的完美杰作之中,也就是浸淫于那些古典世界的作品中,而**这一点**要求的不仅是泛泛的熟悉，而是一种深刻而长久的联系，是深入血脉的融入——呼吸古人所呼吸的空气，吸纳古人的方式和古人的偏见。

黑格尔的文章归纳了几种重要的智识举措。在现代许多为古典学这门学科辩护的努力中，我们都能发现这些举措的踪迹。希腊人和罗马人的文化产品之杰出、完美与光荣是不言而喻的，与他们的整体文化乃至他们作为人的品格血脉相连。此外，作为我们的欧洲遗产的一部分，它也是我们需要关心的**唯一**一种古典文化，因为它毫无疑问要比世界其他地区的文明更优越；中国人或印度人或许也有他们自己的"古典"，但是相形之下，它们太过原始和异质。这不仅仅关乎知识，甚至也不仅仅关乎对过去的认同，而是一种被完全引入古人信仰的入教仪式，一种进入古人世界、变得尽可能与他们相似的努力——这同样是因为古人被我们视为更优越的人，视为人之成长的典范。如此完全地融入过去，只可能发生在与真正出自古典文化作品的直接接触中，以对源语言这种通往古人思想的钥匙的深入了解为基础，而非借助某种不完整的、有欠缺的翻译——那只是他人对古人思想的不充分传达。我们基于其最精华的精神和智识产品来想象古典文明，轻易地忽略了古典历史中一切不那么令人向往的方面和庸俗之处，也不会为流传下来的文本仅能代表古典时代的一小部分人这一事实感到焦虑。简言之，古典学之所以重要，是因为希腊罗马文化是人类成就的巅峰，是通向更高的存在与理解境界的阶梯，而作为一门学科的古典学之所以重要，是因为只有它能引领你进入获选入教者的行列。

黑格尔的理想主义观点在某种程度上当然是特异的。古典学的其他提倡者（以英国公学体系为例）会在古典文化的本质优越性这种观念之外加上一些更现实的论证。我们熟悉的一种观点是：学习古典语言可以让年轻男子（因为这说到底是个关乎男孩教育的问题）更好地理解自己的母语（尤其是因为本地语的语法规则的构成往往以拉丁语为参照标准——对分裂不定式的禁止不在此列，尽管人们往往如此声称*）。据称，语文学技巧是一切批判思维和分析思维的理想基础，而英语文学仅仅是阅读，是闲暇之事，而非严肃的学术研究；自然科学家则只会通过死记硬背来学习，像自动机器那样做实验。此外，还有人宣称古典学之所以适于绅士们研究，原因正在于它是非功利的，

---

* 分裂不定式（split infinitive）指在英语不定式中 to 与动词之间插入其他成分而形成的结构，如"to boldly go""to further explain"。拉丁语中无分裂不定式这一语法结构，一些语言规范主义者据此认为英语中也应该将分裂不定式规定为错误。

只着眼于心智与精神的成长。古典学成为贵族男性教育的象征。这一观念在英国因为以下历史事件而得到强化：直到我们进入20世纪之后很久，牛津大学和剑桥大学的录取要求中仍包含对古典语言的掌握。这种状况不仅强化了古典学科目作为阶层标志的崇高地位，也在精英学校中制造出对古典学教师的持续需求，形成一支在自我延续中拥有既得利益的队伍，正如犀利的英国教育体系观察家奈吉尔·莫尔斯沃斯（Nigel Molesworth）在20世纪50年代中的评论："反正，若是没有了拉丁文，拉丁文教师们便会失业，所以他们会让它继续下去。"[8] 古典学受益于其研究对象长久绵延的崇高地位，也受益于其意识形态力量——它是得意扬扬的帝国主义西方的一种文化优越性标志。古典学者是这样一种世事洞明的成熟之士：他乐于走出去统治帝国，也乐于带上他的学识之果，去开化那些欧洲之外地区的无知之民。

"我们古典学者"

作为欧洲精英教育的传统组成部分，一代又一代学童修习了古典学课程，而一代又一代古典学教师向他们灌输了此类关于古典学研究如何重要的宣称。一位对整个体系感到日益不满的古典学教授发出了反对的声音。整个德国古典学界对他的第一本著作的怀疑（如果不是赤裸裸的敌对）态度尤其令他不满。他在这本书中试图展现的，是古典学问真正、鲜活、至关重要地适用于当下：

> 我们的文化的基础，是一种被整体阉割的、虚假的古代研究。要明白这样的研究是如何无效，只需要把目光转向那些语文学家：他们从事古代研究，本应是最具教养的人。果然如此吗？[9]

是的，事实并非如此，至少以弗里德里希·尼采的标准来衡量并非如此。在他的未发表文章《我们古典学家》（Wir Philologen）中，尼采激烈地抨击了古典学这门学科，谴责它未能把握古代的真正本质和意义，也谴责它未能承认他的作品《悲剧的诞生》（*The Birth of Tragedy*，1872）的贡献——这本书在数年前出版，却几乎被他的同行们置若罔闻。尼采认为：当代的古典学家有一种将古典时代加以理想化的可笑倾向，并因此对古代世界的真正复杂性和力量产生了误解——"他们缺乏对雄健和力量这样的古代特征的真正渴望。他们只会吟唱颂歌，并因此变得荒谬可笑。"同时，无论是作为教育者还是作为人，他们都是失败的：

> 我在对古典学者的追根究底中发现：1. 年轻人对何为希腊人和罗马人没有一丁点概念；2. 他无法知道自己是否适于探究这个问题；3. 此外更重要的是，就他或许真正拥有的知识而论，他并不清楚自己在何种程度上适合成为一名教师。那么，他决定走上这条道路，并非出于他对自己或者自己的学科的认识，而是出于：1. 模仿；2. 继续自己在学生时代所做的事很方便；3. 维持生活的念头。简而言之，百分之九十九的古典学者根本**不应该**成为古典学者。

为了表达他本人对这一体系的蔑视，尼采先是试图转入哲学教职，接着，随着健康状况的恶化，他索性完全放弃了学院生涯。与他在其他许多问题上的观点类似，他对古典研究的看法无疑是异于寻常的，远远超出了普通意义上的学术范围，并因此而更令人激动、更具挑衅色彩。未来将成为德国古典学界领袖的乌尔里希·冯·维拉莫维茨－默伦多夫（Ulrich von Wilamowitz-Moellendorf）写了一篇文章来攻击《悲剧的诞生》，以颇具嘲讽意味的"未来的语文学！"(Philology of the Future!)为题。这个提法或许会让一个不那么自信、不那么故步自封的人停下来思索：他的真实用意是否在于暗示古代研究只能属于过去，只能是对一个静态知识体系的枯燥而狭隘的分析？

无疑，我们从现代作者那里得到的关于古典学家及其智识活动的印象正是如此；这样的印象或许是不公正的歪曲，却也让我们对古典学（撇开它那些承继而来的名声不论）在欧洲文化中更为进步领域的视野中的位置有了一些认识。以乔治·艾略特的《米德尔马契》(Middlemarch, 1871—1872)中致力于编撰《一切神话之钥》(Key to All Mythologies)的卡索本先生(Mr Casaubon)的初次亮相为例：

> 我几乎没有阅读此类文学的闲暇。近日我的全部视力都放在古人身上了；事实上，我希望在傍晚能有个人给我读读书，但我又对声音格外挑剔，难以忍受不完美的朗读者。这在某种程度上是我的不幸：我太过依赖内心的泉源；我在古人中间生活得太多了。我的心智好像变成了某个古人的幽灵，在这世界上游来荡去，想要在精神中将它重建，恢复过去的模样，哪怕那个世界早已面目全非，成了废墟。话说回来，我

也觉得有必要多加小心,保护好我的视力。[10]

女主人公多萝西娅(Dorothea)便是在此时认定了卡索本先生是她见过的最有趣的人——这正表明她作为一个平常女孩没受过太多教育。"重建一个过去的世界,并且无疑心怀至为崇高的目标——真理,这是何等样的工作啊?若能以任何方式参与其中,提供帮助,哪怕只是帮忙提提灯笼,该有多好!"[11] 读者则不会像她那样轻易接受这个"无疑",只会向她发出无声的喊叫:在还有机会时赶快离开;在整部作品的大部分篇幅中,读者也会被迫见证卡索本的冷酷、迂腐和自私如何将她的灵魂消磨吞噬。他对过去那个死人世界的把握并不牢固,对活着的人也无所贡献。

研究对象与学者之间的反差是一再出现的主题,正如 W. B. 叶芝的诗《学者们》(The Scholars, 1914/1915)所言:

> 秃头们记不住自己的罪孽
>
> 秃头们老迈、博学、名望尊崇
>
> 他们编了又注的一行行文字
>
> 只是一些爱情受挫的青年

在辗转反侧之际，为了取悦

美人无知的耳朵而吟唱。[12]

"他们在纸墨间无休无止地咳嗽，他们的鞋子磨穿了地毯"；他们将真正诗人的真情流露变成干瘪的学问，抽干了其中的全部血气和情感，眼中只有技术的分析。"他们的卡图卢斯也是那样行走？"当然不是。如果古典文化作品被加工成一篇篇期刊文章，被变成一次次语言练习，它如何能让它的研习者变得更加文明、更富人性？

同一时期，另一些诗人对学校中教授的拉丁文诗歌（这些诗当然不像卡图卢斯的作品那样色彩鲜明）中的情感以及它们的用处提出了疑问。威尔弗雷德·欧文（Wilfred Owen）在1917年写道："为国而死甜蜜而又美好（Dulce et decorum est pro patria mori），一句古老的谎言。"[13] 在古典教育中被灌输的那些价值观，如爱国主义和公共责任，并不会将我们引向文明与和平，只会带我们走进噩梦的沟壑。30年后，在托马斯·曼的小说《浮士德博士》（*Doktor Faustus*，1947）中，年老的古典学教师塞雷努斯·蔡特布洛姆（Serenus Zeitblom）无力地见证了德国坠入一片烈火，一如从前的他无力地见证了他的友人、天才作曲家阿德里安·利沃库恩（Adrian Leverkühn）的衰退与疯狂。蔡特布洛姆、利沃库恩和他们聪慧的朋友们在学生时代的对话向我们证明：古典人文主义不仅再一次未能阻止20世纪的恐怖发生，反而构成这种恐怖的部分根源。与尝试重建帝国时代罗马的墨索里尼派法西斯主义者一样，纳粹主义同样有赖于雕塑和建筑的古典形式中的象征力量，有赖于将纯洁、美好和力量理想化的古典传统。

将古代理想化所造成的恶果当然并非仅限于意大利和德国，也并非仅出现于20世纪中叶。在19世纪欧洲的各大帝国中，它为千百万人受到的压迫、剥削和屠杀提供了辩护，因为这些行为的出发点是征服者和他们的文明的天然优越性，以及他们在全球范围内重现罗马帝国光荣的努力。在美国，所有公民应同享自由（freedom）与平等的古老观念被纳入种种振奋人心的、关于生命、自由（liberty）与追求幸福之权利的宣言，却又与那些将劣势种族贬低为可供剥削的财产的古老辩词（如亚里士多德的"自然奴隶制"）毫无龃龉。时至今日，尽管奴隶制已被废除，那些基于古典时代的成就、认为白人文明天然更加优越的主张仍会被人用来为不平等现象和种族歧视辩解。加勒比裔诗人德雷克·沃尔科特（Derek Walcott）在一个非欧洲的、后殖民的语境中探寻荷马史诗的复杂意义。在他看来，对古典遗产的礼赞难以与奴隶制及其遗存的阴影切割：

希腊式样的小方格,还有立柱
——由逃离迫害的罪徒和移民维持;
他们将法西斯束棒与法律赋予自己,
以迫害奴隶。婚礼蛋糕式的共和国。
它的穹顶、博物馆,它典雅的庙堂,
还有立柱成排的大厦——它们投下阴影
如同抛开恼人的麻烦,然后俯视它们。
若将它交予它的梭伦们,又有足够运气,
这阴影便会消失于它的城市,正如同
印第安人消失于群山……[14]

沃尔科特并未将美国光辉的古典化形象与其赖以为根基的暴力对立起来,而是认为它们紧密相连、不可分割——就像那座如同婚礼蛋糕一样雪白、一样闪闪发光的建筑与它投下的黑色阴影——永远令那些想要否认美国可耻历史的人愤怒不已。

上流典范

毫无意外,詹姆斯·希尔顿的《再见,奇普斯先生》

(*Goodbye, Mr. Chips*, 1934)中那位典型的英国公学教师也是一位古典主义者，哪怕算不上太出色：

> 尽管他辛勤教学多年，却不是一位多么高深的古典学者；事实上，较之将拉丁语和希腊语视为曾有人用于交谈的鲜活语言，他大大倾向于将它们视为英国绅士们只用记得几个名句的僵死语言。他喜欢《泰晤士报》上那些会用上几个他认识的语句的短小社论。身处一个懂得这些东西却又数量不断萎缩的群体中，对他来说就如同一种神秘而宝贵的共济会式体验。在他看来，这种体验就是古典教育带来的最主要的好处之一。[15]

奇平先生[*]泄露了真相：大多数时候，拉丁语在英国的私立教育体系和精英大学中经久不衰的地位都来自其作为某人获得过此等教育的标志、作为社会资本来源的重要性（希腊语同样如此，只是程度较低）。我们可以举出一些当代的例子：由伊顿－牛津体系教育出来的英国外交大臣

---

[*] Mr. Chipping，即书名中的"奇普斯先生"。"奇普斯先生"是学生给他起的外号。

在演说中随意提及马拉松战役、海克力斯或西塞罗,或是由伊顿-牛津体系教育出来的英国国会议员用拉丁语发推特,都是用来夸耀上流阶层的与众不同和智力优越感的手段,隐藏其后的则是赤裸裸的野心,还有对"群氓"(hoi polloi,**决不能**有失规范地写成 the hoi polloi)的蔑视。类似的例子还有某个受教育于私立中学和牛津大学的记者关于文化堕落的哀叹:因为各个大学喝多了社会公正的迷魂汤,古典学学位项目开始接收来自社会下层的学生,他们压根达不到只有受过**严格**教育才能掌握的拉丁语和希腊语水平。[16]

英国人对阶层的执着已经臭名昭著,但并非只有英国人才有这样的焦虑:在唐娜·塔特的《秘史》(*The Secret History*,1992)中,我们会了解到一个开设于新英格兰某个贵族文理学院的希腊语班。班里的学员是这个精英群体中的精英;一名脾气古怪而又富于魅力的教师亲手选出这个小团体,只为在他们身上践行自己关于符合古典精神的真正教育的理念:

> "我认为,教师群体各色各样是有害的,只会让年轻人的头脑迷惑;出于同样的理由,我也认为深刻钻研一本书胜于浮光掠影地读一百本书,"他说。"我知

道我的看法不为现代世界所接受，然而，毕竟柏拉图也只有一位老师，亚历山大也是如此。"[17]

正如叙事者理查德最后所言："我敢说，朱利安的魅力的秘密就在于他瞄准了那些希望比其他所有人都感觉良好的年轻人，在于他有一种将自卑感扭曲为优越感和傲慢的奇特天赋。"[18] 理查德本人就是一个例子：他迫切地想要被这个群体接纳，迫切地希望语言技巧可以帮助自己掩盖卑微的出身。希腊文化的诱惑就像是一种秘教的入教仪式，一种可以摆脱现代法律和习俗的信念，因为希腊人才展示了何为真正的、不容置疑的人性；他们是理性的典范，同时又代表了对非理性的热烈拥抱。希望**比肩**古人的愿望首先驱使学生们重建古代的宗教仪式，随后又让他们陷于谋杀、自杀和乱伦。在听说这些事后，他们的老师只是请了无限期的长假，离开了学校，却没有给出任何解释。幸存者陷入了迷惘和创伤，却依旧坚信：他们的群体分崩离析，又没有了导师，让他们失去了一些不可或缺的东西，尤其是心中的卓异感和精英感。

与作为阶层标志的古典知识（无论多么肤浅）对应的，是作为一种排外手段的古典知识。它往往被视为专属于某个单一阶级、种族和/或性别，而这一点又因为以下这种期待而得到全面加强：只有在合乎标准的学校广泛学习过古典语言的人，才具备在大学阶段深入钻研古典学的合适资格。古典学既源于精英地位，又赋予精英地位；正如在古代只有负担得起悠闲生活的人才有可能成长为精英同侪眼中的完善之人，如今也只有那些受过"严格"精英教育的人才能成为合格的古典学家。

古典学从来不是一个完全封闭的领域，长久以来一直有自学成才者进入其中的传统。这些人通过自己的努力（公共图书馆和工人教育社 [Workers' Educational Association] 这样的神奇组织也为他们提供帮助）获取关于古代的知识。其中一部分人希望能以古典派精英群体的游戏规则加入其中，克服自己的不利条件，成为合格的古典学家；另一部分人（数量更为稀少）则寻求将古典知识应用于更激进的目的，将它交还给更广大的人群。在战后的英国，这种努力通常与文法学校系统绑定，从下层出身的孩子中撷取最聪慧的一小部分，让他们熟悉高等文化中的规则。这种赋予少数获选者以相对特权和更多机遇（包括学习古典学的机会）的做法是有代价的，那就是让大多数人只能得到廉价得多的、几乎毫无学术性的教育。少数获选者所经历的也并非全然美好：诗人托尼·哈里森就是其中的一个；在《古典学社》（Classics Society，1978）一诗中，他以戏剧化的笔法描述了身处两个世界夹缝之中的体验，其中拉丁语所象征的，是对父母和从前的朋友们所用的语言的遗忘：

> 我们这些男孩，读得懂古老的议事录*，
> 能将大英帝国翻译成"元老院与人民"**，
> 却不懂得太过平凡或是太过新近的事，
> 也**忘记了**自己在家中所用的英语。[19]

哈里森在此呈现的，是20世纪50年代英国人的古典学知识中那种成问题的本质：它被当成一种仅以其自身为目的的僵化知识来传授，被视为阶层差异和不同阶层在社会中的宿命角色的标志（此外他的诗中还有另一个未曾明显强调的事实——毕竟只有男孩才能得到这种教育）。

古典文学为哈里森的写作生涯带来了许多灵感，例如他对希腊悲剧的一些改写，还有一部名为《俄克西林科斯的觅踪者》(*The Trackers of Oxyrhynchus*，1988）的戏剧——这部作品直白地聚焦于古代遗存的现代发现过程中发生于

---

* Hansards，英国和许多英联邦国家议会的议事记录的旧称，得名自伦敦出版商托马斯·柯森·汉萨德（Thomas Curson Hansard，1776—1833）。

** SPQR，即 Senātus Populusque Rōmānus（拉丁语：罗马元老院与人民），系罗马共和国与罗马帝国的正式名称。

上层文化和下层文化之间、典雅的古典用语和俚俗方言之间的碰撞，不过它对他来说仍是一种个人张力和艺术张力的源泉。古典学提供了一种从一个世界穿梭到另一个世界的可能性，代价则是它与社会优越地位和精英主义之间的关联得到强化。然而，只要古典学这门学科不肯放弃它的看门人角色，仍旧坚持它的首要标准，将高深的语言学和语文学知识视为合宜地了解古典时代的先决条件，反向的流动——让古典知识向所有人开放——就会艰难得多。

并非所有古典学家都如此

古典知识是一种文化资本，是一种相对于下层阶级、女性（她们中的大多数人被认为没有欣赏古典的能力）和野蛮土著的优越性的标志。古典知识是矫揉造作与傲慢的根源，也是希腊人和罗马人自己的作品中此类姿态之先例的根源。古典知识傲然绝尘，是得体绅士的标志（至少是那些情愿接受其做派和预设、假装拥有这种地位之人的标志）。古典知识是文化战争和文明冲突中的武器，也为欧洲传统的基因后裔拥有内在优越性这种主张提供了基础。在互联网上各式各样的极右模因（meme）中，在种种号称斯巴达式的符号的接受过程中,古典学成为针对多元文化的"白人抵抗"姿态的象征。古典学是传统文化的根基所在,因此传统文化在美国学校中的衰落被视为歇斯底里症、审查、道德相对主义的根源,也如一篇网络文章所宣称,是"性别偏移的疯狂一代"[20]出现的根源。

从这一视角来看,古典学在21世纪仍旧重要,因为它危险而有害。古典学否认(或者至少是贬低)其他任何全球文化要求受到重视、得到严肃对待的主张;它将一类范围窄小的技术性能力抬高为"教育"的核心;它强化了种族、性别和阶层的等级秩序,为各种形式的西方帝国主义和不同版本的白人至上主义提供意识形态掩护,同时又完全未能兑现其偶尔发出的宏大宣言,即培养出更优秀、更富人性、更有教养的人。关于古典时代及其作品的知识,以及它们所承袭的声名和权威的巨大重量,被用于危险的、分裂性的和毁灭性的目的;作为一门学科的古典学则更倾向于支持和鼓励对古典世界及其文化的过高评价,以确保自己的生存,而非拒绝这样的特殊对待。

当然,这样的描述是偏颇的,并不公正;我那些学院中的同事有理由提出抗议。首先,站在第一线对传统的古典世界理解方式及古典世界研究方法提出质疑的,正是古典学家群体;他们对各种古典时代观念在近几个世纪中被使用和被滥用的方式加以分析，擎起一面镜子以观照他们所在学科的做法和假设，包括它在帮助创造一个更公正、更平等的社会时所留下的不完美历史。将希腊和罗马理想化为人类文明巅峰的做法所遭到的最激烈批判也来自古典学家：他们转而指出了这些社会如何建基于暴力、奴隶制和厌女思想，甚至不顾风险，因为这样的批判动摇了古典学作为一个学科继续下去的一个理由，即其研究主题所继承的声望。在后面的章节中我们将会看到，那种认为古典学应专注于让希腊罗马作为"西方文明"根基的理想化形象延续下去、应专注于对语言技能的死记硬背式学习并排斥其他一切学术方法的观念已经过时了数十年——尽管仍有一些非古典学者（坦率地说，也有一些古典学专业的毕业生）继续以这种方式来描述它。

古典世界及其文化产品**并非**天然地与西方帝国主义、白人至上主义、法西斯主义或反伊斯兰主义的立场绑定，尽管那些主张这些立场的人时常如此声称，尽管古典学者们对此类做法的谴责有时会显得格外大声。对古代世界的研究，哪怕以传统的语文学方式进行，就其本质而论也并不比对其他社会的文学、历史和文化的研究更有精英主义色彩。当然，由于种种原因，背景相对优越的人更能承担学习一门非就业导向的人文学科的风险，而古典语言被赋予的特别重要性（此外还有哪些人能在进入大学之前接触到古典语言的问题）无疑也有利于古典学在吸引某些学生群体（他们中的一部分将会成为下一代教师）的同时排斥另一些学生群体。在欧洲和美国，尽管近几十年来性别平衡在职业顶尖领域之外的其他层级已有很大改善，作为一门学科的古典学在极大程度上仍为白人和中产阶级所主导。有人认为这些不平衡现象反映的是选择学习古典学科的学生群体的构成，并且情况正在逐渐改变，然而，要抵消几个世纪以来古典学那种精英主义的、男性化的和白人化的骄傲姿态所产生的效果，我们还需要付出更多努力，尤其是需要强调一种自豪却时常被忽视的传统——出身于劳动阶级的、女性的和非白人的古典学者的传统，以及他们为这一学科带来不同视角的努力。

我们也可以说，作为一门学科的古典学沦为了自身成功的牺牲品。正是依赖其研究主题的文化重要性、依赖对其技术方法的高深程度和掌握难度的声称，也因为这样一门学科的存在恰恰因为其精英色彩而具有其他方面的价值，古典学才在中学和大学中确立了自己的地位。它装出一副血统纯粹的派头，事实上却从来都是驳杂不纯的——它与其他更庞大、更受欢迎的学科争抢地盘，从一切可能的地方搜集方法和观念；它充斥着一批为自己的学生所鄙视的怪人和偏执者。古典学和古典学者那种精英化的、优越的文化形象向来使它面临显得不合时宜和迂腐的风险,然而这种形象最多也只在部分意义上是真实的,是那些主要专注于古代世界的文学、文化和历史的内在价值的人的一种手段。如今,古典学的方法和观念已经变得前所未有地多样化。它时刻面临着消融于其他学科之中的危险,例如古代史学者总是更关注历史学同行而非古典文学学者的工作,古典哲学学者也总是更关注主流哲学而非艺术和考古学,不一而足。让古典学还能保持一体的,是一种探索古典时代社会的共同责任感,但这并非因为我们认为古典时代社会内在地优越于其他社会或对"西方文明"来说更为不可或缺,而仅仅因为让这些各不相同的学者产生兴趣的都是这个诱人的主题,而非另一主题。

在许多方面,过去对于当下都有其价值,并将继续如此;因此,掌握关于过去的各个侧面的精确知识相当重要;同样重要的,是理解过去的这种价值如何产生,以及千百年来它如何被解读、被误解、被操纵。在对欧洲和北美有着重大意义的过往历史中,古典时代仍旧占据着显要地位;这体现于它对当今社会的形成过程所产生的实际影响,也体现于其作为一种强大的文化观念乃至一种神话的角色。与长久流传的假设相反,并非每个人都应该掌握关于古代希腊罗马的丰富知识,那种认为它是我们真正需要了解的唯一知识的看法则更不用说:古典时代只是我们从中汲取知识的诸多传统中的一个。然而,我们的确需要有人了解古典时代,需要有人来将它与其他历史时期和文化传统加以对照,探究它在何种意义上(无论是好是坏)塑造了当下,并为我们的社会标明路途,使之能从古典时代汲取积极的启示,以面对未来。古典时代在现代世界中的位置仍有深刻的问题有待解决,而这正是古典学仍有意义的原因。无论我那些更为传统的同事会如何认为,我的目的并非埋葬古典学,而是赞美它……

注释

[1] Friedrich Schiller, "Die Götter Griechenlands" [1788], lines 17-20, in *Gedichte 1776-1799: Schillers Werke Nationalausgabe,* Vol. I, ed. J. Petersen & F. Beissner (Weimar, 1943), p. 190. 英文系笔者译出。

[2] Karl Marx, *Grundrisse* [1857-1858], trans. Martin Nicolaus (Harmondsworth, 1973).

[3] Kate Tempest, *Brand New Ancients* (London, 2013), pp. 3-4.

[4] James Joyce, *Ulysses,* episode 12, known as "Cyclops" (Paris, 1922), p. 286.

[5] John Keats, "On First Looking into Chapman's Homer" [1816], in *The Complete Poems* (Harmondsworth, 1973), p. 72.

[6] G.W.F. Hegel, "On Classical Studies" [1809], trans. Richard Kroner, in *Early Theological Writings* (Philadelphia, 1975), p. 324.

[7] Ibid., pp. 324-325.

[8] *Down With Skool!* [1953], in Geoffrey Willans & Ronald Searle, *Molesworth* (Harmondsworth, 1999), p. 39.

[9] Friedrich Nietzsche, "Wir Philologen" [1875], in *Werke,* Vol. 4.1 (Berlin, 1967). 本文部分英译参见 https://archive.org/stream/wephilologists18267gut/18267.txt。

[10] George Eliot, Middlemarch [1871-1872] (Oxford, 1998), pp. 16-17.

[11] Ibid., p. 17.

[12] W.B. Yeats, "The Scholars" [1914/15], in *Collected Poems* (London, 1950), p. 158.

[13] Wilfred Owen, "Dulce et Decorum est" [1917], in *Poems* (London, 1921), p. 15.

[14] Derek Walcott, *Omeros,* Chapter XL.1.i (London, 1990), p. 206.

[15] James Hilton, Goodbye, *Mr Chips* (London, 1934), pp. 19-20.

[16] 此处引用的几个当代案例分别是：鲍里斯·约翰逊（Boris Johnson），例见 Charlotte Higgins, "A Classic Toff", *Guardian,* 6 June 2008 (https://www.theguardian.com/commentisfree/2008/jun/06/classics.boris)；雅各

布·瑞斯－莫格（Jacob Rees-Mogg），(@Jacob_ Rees_Mogg): https://twitter.com/Jacob_Rees_Mogg/status/886208542667046912；詹姆斯·德林普尔（James Delingpole），"For a Real Oxbridge Education, You Now Have to Go to Durham", *The Spectator,* 25 March 2017 (https://www.spectator.co.uk/2017/03/for-a-real-oxbridge-education-you-now-have-to-go-to-durham/)。

[17] Donna Tartt, *The Secret History* (Harmondsworth, 1992), p. 34.

[18] Ibid., p. 604.

[19] Tony Harrison, "Classics Society" [1978], in *Selected Poems*, 2nd edn (Harmondsworth, 1987), p. 120.

[20] Louis Stuart, "Men Must be Educated in the Classics if They Wish to Regain Masculine Fortitude", Return of Kings.com, 8 July 2017 (http://www.returnof kings.com/125103/men-must-be-educated-in-theclassics-if-they-wish-to-regain-masculine-fortitude).

II 厘清过去

边　界

　　古典研究的根本目标在于从各个方面将一些世界整体重建。这种说法或许显得有些怪异——这门学科的关注焦点难道不是重现一个单一的世界，即古典时代的希腊和罗马的世界？然而，许多个世纪以来这一领域的研究中最重要的洞见之一，就在于总是存在着不同视角、不同着眼点，以及不同的时间框架；任何单一的视角（无论古代的还是现代的）总是以偏概全的，也总是误导性的，无论它如何追求完整；此外，在任何特定的时间点，大多数学者都致力于研究整幅画卷中的局部细节，而非提出一种宏大的整体看法。是否可以或应该泛泛而谈"古典时代"？希腊与罗马能否清晰划分？研究领域是否应该拆成更小的组成部分？即使在这些问题上，我们中仍然存在重大分歧。各种方法在处理不同主题时，适用性也各不相同：经济史学者更喜欢谈论"古代经济"，因为古代经济看似相当同质化（在与更晚的历史时期相较时尤其如此）；文化史学者则更倾向于强调希腊、罗马与其他古代社会之间的重大差异。并非所有研究者都遵循此例：也有许多经济史学者发现时间和空间变化带来的显著变化，因此会更警惕那种关于"古代经济"的概括化结论；也有一些文化史学者会探究绵延许多世纪的古典文化中的共同主题和共同观念，例如神话和文学中的怪兽和怪物。以上差异和争论是古典学这门学科中的核心问题。古典学研究中最重要的当然是知识与理解的积累，但它也涉及不同认知与不同视角之间的碰撞和沟通。它探讨古代世界中人们生活的不同方面，探讨这种生活遗留于后世的影响，也探讨我们在研究和解读这些方面时所使用的不同方法。

各个学科总是倾向于划分边界，确立定义，以标示出"自己"的领地，抵御来自其他学科的入侵。当下的古典学则走上了一条不同的、可以说正好反映了其研究对象的路径：在古代世界中，无法跨越的确定边界并无重要地位；就连罗马帝国后期的边境也是如此——我们惯于将它们想象为哈德良长城或其他重兵驻守的壁垒，但它们更像是接触地带和受到监管的迁移的发生地带。人口、货物和观念总是处于流动之中,只是偶尔考虑政治边界,而后者在千百年历史中又会发生剧烈的变动。我们可以在任意一个时间点上为这个世界拍一张快照,然后按照不同国家或不同文化群体将它分成小块,甚至还可以在"古典世界"和它之外的一切之间画出某种分界线。但我们很清楚这只是一种人为的划分:只要让历史再次流动起来,一切都会迅速改变。同理,我们也可以把目光投向当下那些古典学研究者(他们中的许多人未必会自称古典学者)的活动,把他们各自选择的研究重点标定于地理和时间的轴线上,以此确定特定时间和特定地区的清晰热点:我们可以看出对希腊和意大利的明确偏好,也可以看出前者所在的公元前5—前4世纪和后者所在的公元前2世纪—公元4世纪明显成为流动的方向。然而这样一张活动地图并不等于宣称这些时间范围和地理范围在任何本质意义上构成这门学科的确定边界。它们反映了各种因素,包括不同种类证据的获取难度、研究传统,以及诸如学生的要求和公众兴趣等外部压力。古典学不再寻求将其定义归于对一类数量有限的、据称更为优越的材料的专属阐释权;相反,它寻求的是成为一门开放的学科,成为不同视角的交汇点,成为位于希腊城市中心的广场(agora)——那里是人们出于贸易、政治或友谊等原因而碰面的地方,而非一座壁垒森严的卫城。

　　这首先是因为，古典学者比从前更清晰地认识到他们所选择的世界在更广大的宇宙处于什么位置，认识到对这些世界的孤立研究从来都是无望的努力（或者说有着危险的误导性）。以地理学为例，地中海世界无疑吸引了大量关注，这部分是因为希腊和罗马在古典研究传统中特别重要，从另一些视角来看，也是因为地中海本身及其环境的重要性——它们塑造了地中海周边各个社会的发展过程，将它们聚拢起来，构成一个单一的、彼此联结的空间。不时会有人出于这种理由提议说古典学（或者至少是其中更具历史性的部分）可以更名为"古代地中海世界研究"。然而古典学者们总是会将目光投向更远的东方，这不仅是因为某些特定事件（例如发生于古代史开头一端的波斯对希腊的入侵，以及发生于另一端的欧亚大陆各部落对罗马帝国的攻击），也是因为那种从未中断的货物和观念的来往流动——从近东世界对早期希腊文化和后来的罗马宗教的影响，到希腊文化向波斯乃至更远地区的传播。这种流动通常被理解为"地中海世界"（我们的主要关注点）与外部力量的接触；然而一种同样可行并且日见成效的做法则是改变我们的视角，将地中海视为欧亚大陆的西部顶端。地中海由此成为一张错综复杂的洲际贸易网络的远端，而非万物的中心；希腊的 *polis*（独立的"城邦"）也不再是欧洲人的独创，而是变成一种近东世界现象中的一个版本。我们越来越意识到希腊人自己的观念在多大程度上塑造了我们的传统视角：即使面对大量的证据，他们仍然坚信所有非希腊人都是奴性而未开化的，只会口齿不清地说话（这也是"野蛮人"[barbarian] 一词的来历）。同样地，当欧洲北部地区随着文化交流的扩张和罗马人的征服而进入视野，我们也不再按照罗马人的视角将一切视为真正的文明向野蛮人的传播过程，而是学会了从以下角度来思考问题："土著"居民在接受"罗马文化"的过程中得到了什么？在"何为罗马"这一观念的发展过程中，他们又做出了多少贡献？

古典学无疑有一种关注某些地区甚于其他地区的倾向，首当其冲的是希腊和意大利（出于显而易见的历史原因，在讨论罗马时期时，我们也会把相当一部分注意力放在不列颠这个相当偏远的省份上）。然而，哪怕这一点也并不简单。"希腊"到底在哪里？它位于爱琴海周边，包括土耳其沿海；它遍布于地中海和黑海周边的各个殖民地，在亚历山大*的戏剧性征服之后更是远及伊朗和阿富汗；如果

---

* 原文为 Alexandria（亚历山大里亚），系 Alexander（亚历山大）之误。

考虑到事物的流动和后世的接受过程，甚至可以说希腊存在于阿根廷和马里布。另一方面，"罗马"则覆盖了大部分欧洲，后来更是以帝国力量的典型形象出现，征服了那些从未属于帝国本身的地区（可以想想出现在柏林和纽约这种地方的罗马式凯旋门）。传统上，当人们研究同一地理空间中的其他文化时，总会从它们与以上二者或其中之一的关系这一角度出发，而这些文化往往以敌人（迦太基人是最明显的例子，但凯尔特人也是一样）的面目出现；然而，从这些文化本身出发来研究它们，或是将它们视为更广大的国际关系体系（例如贸易、环境等体系）中的一部分来研究，这样的做法已经越来越多。无可否认，许多古典学者应该更多地将眼光投向外部，需要记得罗马不仅是罗马，甚至也不仅是意大利，也需要记得：在他们所研究的那个世界里，"罗马"和"罗马人"的观念一直是讨论和再造的对象，而非一个可以让我们围绕它构建一套学术体系的固定点。然而，那种关于地中海世界中某些特定地区的传统观念——认为只有这些地区才真正值得研究的观念——正被越来越多的人视为漏洞百出的幻觉和意识形态化的断言。可以说，地中海世界为这门学科提供的是一个重心，而不是一条地理边界。

年代问题同样如此。罗马时期是指哪一段时间？罗马帝国从未终结：它的生命在欧洲的大量底层结构和文化中得以延续（至今如此）；作为帝国的原型，它的影响更是绵绵不断。罗马研究中并没有一个明显的终结点。当然，我们可以再一次从人们赋予不同时期的关注量中分辨出一种模式：希腊城邦（就算不是仅指雅典和斯巴达，也以这二者为甚）、罗马共和国、罗马帝国，以及后来的古代晚期（当然，仍有一种延续至今的倾向，认为我们的研究兴趣应该结束于公元5世纪罗马在西方的覆亡，而非继续投向仍存在于东方的罗马帝国），以及各个希腊化王国（不限于向来广受欢迎的亚历山大大帝）。然而，这些仍然都是学者活动的模式，部分受到外部力量的驱动，而非出于认为这些时期更为优越的信念。关于那些外围年代已经有了大量研究，让我们可以把哪个时间点（如果它真的存在）有效地视为"古典世界"开端这件事成了问题。希腊文化的历史向上延伸到公元前8世纪乃至更早的时代，其中有荷马史诗，也有近东社会对爱琴海地区的宗教、神话和艺术的影响。继续上溯的话，青铜时代、迈锡尼时代和米诺斯时代的社会主要是考古学家而非其他学者的地盘，但这并不能为我们标出古典研究的清晰边界；一个重要的原因在于：迈锡尼人宫廷中用于记事的线形文字B呈现出他们与后世的希腊人之间的清晰联系。在通常意义上的"古典历史"

的另一端，人们共同认可的只有一点，即那个传统意义上的终点——西方最后一位罗马皇帝在公元476年被废——对我们毫无帮助。连续的流变中并没有一个截然的断点，哪怕在政治意义上也是如此：权力早已从皇帝们手中落入了新兴的政治-军事精英阶层之手，东方的皇帝仍然坚持自己的特权，统治结构的很大一部分也一仍其旧。在其他生活领域中，这种象征性的变化几乎甚至完全没有产生影响。在一定程度上，"古代"到"中世纪早期"的历史转变是一种无缝的转变——哪怕这一领域的专家们在大学里或许会分属不同的系。

地理边界与年代边界从来都是人为制造出来的：国家在地图上画出线条，历史学者将时间分割为世纪或纪元，两者都期待这样的划分具有重要性。无论古代还是今天的政治史学者都有一种倾向，假定政治变革总是标志着重大的断裂（在古典研究中，那种认为奥古斯都崛起成为第一位皇帝这件事必定在罗马人生活的各个方面都留下了印记的观点就是一个典型例子）。社会史学者和经济史学者则根据截然不同的节奏和时间尺度来看待变化，研究思想、诗歌、雕塑或建筑发展史的学者同样如此。不同的视角在研究领域的界定和材料的组织上各不相同。或许正因为古典研究一直涉及这样的多重视角，我们无法不去探索各种视角之间的联系和碰撞：政治叙事与文学叙事彼此对立；经济活动的空间与艺术风格的空间互为参照；古代世界的某些方面被隔离出来加以深入探索，然后人们便开始争论如何才能让它们与更广大的图景相调和。

通常而言，这种发生于不同学术视角、不同地理时间框架之间的交流正是最令人兴奋的新课题的来源。罗马的政治控制力在意大利的扩张如何影响了不同地区的语言？意大利的多语言状况如何影响了这种扩张？"希腊"文化向亚洲的扩张又是如何改变了关于何为希腊文化的观念？最重要的是，这种交流会不断凸显我们的"古典文化"和"古代世界"观念（这些观念我们每个人都难以避免，是我们需要用到的假设或猜想）与我们在证据中发现的真实情况之间的距离和歧异，"古典世界"是一种构建，部分来自古代，部分来自现代，是对一个复杂而流动不居的世界的一种理解。古典学不应尝试用一条线把这个想象之物圈起来，将它据为己有，而是应该将继承来的种种"古典"观念当作一个出发点，让它们向讨论敞开。

缺 失

古典时代研究的几乎每一个方面都面临着同一个基本情况，即证据的短缺，而这一点又造成了我们关于古典时代的知识的种种局限和不确定性。在部分意义上，这不过是时间流逝所造成的效果。万物都会腐朽，就连现代书籍也会在纸张老化和墨水褪色的过程中散架。因此，除非保存于最合适的环境（如可以阻止破坏性微生物生长的干燥沙漠或无氧水沼），来自过去的有机物材料总是很容易灭失，对此我们不应感到意外。这样的灭失不仅让我们无法得到实物材料本身可能包含的证据，在涉及文本时也让我们无法看到材料所载的文字。像岩石和陶器这样的无机材料的情况要好一些，金属则可能被熔化并回收利用。然而我们从陶器上能了解到的古代生活是有限的；此外，尽管会为石刻的留存而兴奋，我们也很清楚一点：喜欢用斧凿将自己的事迹和身份留在石头上传诸后世的，多半是富裕阶层，最热衷于拥有那些可以历久保存之物的也是他们。简言之，古典学家一直很清楚时间在那些曾经存在、本可以为我们所用之物的毁灭中所起到的作用。对于其他时代的研究者所占有的丰富材料，如大量的私人文件和日记，或是某位诗人的所有笔记（而非仅仅是他们的发表作品），或是两位哲学家之间的通信，我们或许只能心怀嫉妒。我们会提醒自己：留存下来的材料不一定能代表生活于古代的所有人，也不一定能代表每一地区或每一时期。我们会想要把文多兰达（Vindolanda，哈德良长城附近的罗马堡垒）这样的地点当作一种缩影，祈祷那里奇迹般保存下来的日常用具（比如罗马人的鞋！）和私人信件可以成为关于整个罗马帝国日常生活的证据，而非仅仅代表了帝国最北部省份的北部边境的生活。我们往往会在这方面做得不错，但还是宁愿拥有来自其他更多地方的更多材料。

让我们的工作所必需的材料变得越来越少的不仅是时间。人们对材料的选择至少和时间同样具有毁灭性，甚至在破坏力上更胜一筹。有些东西之所以得以留存，是因为有人努力想要保存它们，例如将文件或钱币放进容器中再掩埋起来，或是将物品小心翼翼地埋进坟墓。大量物品的留存仅仅是因为巧合，因此我们可以想见有多少其他东西遭到了随意抛弃。最明显的例子就是文本。大部分文本都是以副本形式得以存世，因为千百年来总有人觉得它们有被一再复制的价值，其原稿则早已湮没。复制文本需要花费时间和金钱；并非每份文本都有人觉得值得复制，也并非每份得到复制的文本都被复制到足够多份数（以增大其流传至早期现代并被学者再次发现的几率）。此外还有一个很明显的问题：关于**哪些**文本值得保存，人们的想法会随着时间、随着对价值和有用性的不同判断而变化。雅典最伟大的三位悲剧家的好些作品在当时就被视为文学的巅峰之作，却仍然只有残篇或零散诗行得以流传，甚至只剩下一个剧名。至于雅典旧喜剧，除了阿里斯托芬的作品之外就没有什么东西得以存世，而阿里斯托芬的作品也只有一部分流传下来。在罗马时代农事作者的作品中，我们会发现内容丰富的来源文献列表，其中既有迦太基人的作品也有希腊人的作品，然而在这些文献列表中的出现也就是它们留下的唯一痕迹了。众多早期哲学家的观点为我们所知，也仅仅是因为后世哲学家引用了他们的作品，将他们的话摘离原来的上下文，纳入或许全然迥异的论证中。

在这样的拣选过程中，最臭名昭著、也是最重要的案例发生在古代晚期。当时的基督徒从更早的作者中选出他们认为其作品值得复制的一批人，将其他人的作品斥为渎神、无德或仅仅是与他们的兴趣不符，弃置不顾。在同一时期，非基督徒群体则将来自早期文本的节选和引文加以编订，变成一本本记录智慧与洞见的文集；不幸的是，这些文集的出现也意味着对原文整体的无视。在这一时期有幸得到复制的文本并非全都流传了下来，但存世的机会明显大了不少。其他文本仍有可能得以留存，或是存于埃及干燥沙漠中的莎草纸碎片，或是存于被回收用作木乃伊裹尸布的莎草纸条，或是存于为书写新作品而再次利用的羊皮纸——只要"行间"的原文仍可辨识（古代抄写员的节俭，或者说购买新羊皮纸的不菲花费，为我们带来了不少好处）。然而，根本的情况仍然是：我们知道自己只能看到古代作者写下的作品中很小的一部分，哪怕其中最优秀的文学作品和知识作品也不例外，至于其他更平庸的作品则更不用说；我们也知道自己所能见到的那部分**并非随机**留存下来的样本。

这种可能的偏向（也就是说，我们知道上述过程作为一个整体并非完全随机，只是无法在任何一个具体案例上明确这一点）有时也因为现代学者和古典爱好者的活动而变得更加严重。许多个世纪以来因为其文化光芒而赋予希腊和罗马的关注也表明了人们想要寻找的东西是什么——出自古代最重要作家之手的文学和哲学作品，而非农事手册或罗马管道系统指南；此外还存在着一种强调某种类型的文本甚于其他文本的倾向。在涉及实物证据时，这种情况更为明显：千百年来人们一直将注意力集中于"艺术"品和标志性建筑物的重现，而非更卑微的生活留下的证据。我们对罗马的神庙和宫殿的了解要远远多于城中那些多层住宅楼。古代精神和对一切古典之物的痴迷意味着：

55

在某些情况下，一切东西仅仅因其古老而得以保存（英国和法国的国家博物馆就是这样的例子），尽管专注于"物件"意味着我们可能难以将所发现之物还原到合适的语境中。

我们所掌握的只是一个小小的样本。我们基于留存下来的材料得出试探性的结论，同时也完全明白：如果拥有更多的或是不同的证据，我们的理解就可能会有所不同。我们时常需要面对一个问题：证据的缺失（或者至少是极度贫乏）是否可以用来证明缺失本身？罗马人的国家对其活动的记录到底有多详细？商人在多大程度上仔细记录账目而不是只凭经验做事？当我们发现从公元 2 世纪开始地中海上的船只失事数量出现下降时，这是否能说明航海次数的下降和经济活动水平的衰退？抑或这个数量只取决于何种船只的失事最容易被发现？古典学家在关于不确定性的争论和不同解读的相对可信度评估上花费了许多时间，在面对古代世界到底是什么样的问题时，却无法给出确定的、非是即否的答案。如果要和一个更广大的、非学术化的世界打交道，这种状态便可能成为一个严重的问题：在这种时候，学术上的审慎和有几分证据说几分话的态度会显得像是犹疑不定乃至无知。然而我们并无其他选择。

要么得出结论认为我们没有太多可说，要么至少给人留下如此印象，这样的风险从不曾消失。然而另一个方向上的风险同样一直存在，即任由我们的观点为那些得以留存的材料所塑造，仿佛它们可以代表过去的全部状况。然而，我们也有可能在这个问题上过于悲观。新的证据持续涌现，有时数量还甚为可观。例如，原本通常用于学校练习、令人惊喜地杂录了各种文学篇章的莎草纸片，还有诸如人口统计表和私人法律合同之类内容极为琐屑（却被历史学家视为珍宝）的文件，都不断被发现并发表出来。科学上的新技术也为我们开辟了新的机会，例如，对出土于赫库兰尼姆（Herculaneum）、早已碳化的莎草纸卷的"虚拟展开"可以让我们辨识其中的文字，又无须真正打开或破坏文物（尽管这种做法可能会在希望得到更多可研究文本的学者和着眼于保护已出土的古代遗存而非挖出更多建筑的考古学家之间造成冲突）。关于过去的新问题促使我们寻找新型的证据；新的科技又让我们提出新的问题：例如，对从格陵兰岛冰盖中提取的冰芯的分析不仅能让我们认识到全球气温的变化情况（是否存在一个帮助了帝国扩张的"罗马温暖周期"？以及/或者，古代晚期是否有过一次促使罗马人社会衰退的降温？），也能让我们认识到人类活动的变化模式，例如大气中的微量元素可以指向金属制造和污染活动的增加。有了现代计算机的帮助，我们可以创建文本和铭文数据库，在其中寻找模式、再造建筑，甚至可以根据气象文件、导航软件和我们对古代船只航行能力的了解，画出地中海上的航路图。

以上这些证据并不能为我们带来任何简单的答案。科学数据与其他所有研究对象一样，必须经过检视和解读。我们不会假装自己在数据分析上比专家更强，但我们可以就分析的构建方式和结论的解读方式提出问题。例如，我们已经有了大量种类不同的证据（既有文本的，也有实物的）表明罗马时代的不列颠岛居民的族群背景是多种多样的，而对现代英国人口样本进行的DNA研究并未显示大量"非洲"血统的痕迹。古典学家们并未因为后者更加"科学"而拒斥前一种发现，而是对两种分析形式的相对可信性展开探索，并提出问题：基因研究是否真正呈现了（或者说是否有能力呈现）某些人声称它可以呈现的东西。[1] 在考察种类尽可能多样的证据这方面，古典学家堪称专家，因为事实上我们从未拥有过数量足够多的任何一类证据；就对所发现的无可避免的不一致和矛盾的探讨和理解而言，我们也是专家。我们有一种职业化的怀疑态度和审慎，也明白任何解读在本质上都是试探性的，因为我们不得不如此。

路　径

　　同样值得赞美的，还有古典学家将自身的不利条件化为动力的悠久传统：在面对证据的短缺时，他们在如何解读证据这方面的想象力变得更加强大。并非每个古典学者都会这样做，但作为一个学科，我们从来没有资格自我封闭，没有资格完全依赖古典学自身的智识资源和传统做法；相反，大部分古典学者会经常探听其他学科中的进展，认真了解关于如何阅读证据的新问题和新观点。这样的做法有时会被指控为时代误置，即将现代观念"强加"于非现代的历史，而发生时代误置的可能性也的确一直存在。然而，任何对过去的研究尝试都难免是一种时代误置，对于距今十年以上的任何一段过去来说更是毫无疑问。我们在审视过去时总有一种后见之明，因为我们知道接下来会发生什么；我们会用自己的用语来翻译它，有赖于种种预先设定的猜测、概念和优先级。在明知我们是在从当代角度来阅读过去的前提下，对现代观念和现代理论的明确利用更不容易让我们产生一种有误导性的印象，而非相反。这种做法向我们提出新的研究问题和审视熟悉证据的新方式，由此提供了一种深化理解的方法，甚至是创造出全新研究领域的方法。

只需一个重要的例子就可以说明这一点：我们可以估算出女性主义和现代性别视角在增进我们对过去的理解这方面的影响。直到20世纪60年代晚期，女性仍然很少成为学术探索的对象——在最好的情况下，我们也只能找到一些将她们视为诗中的情欲或神话苦难的对象的浮泛之论，或是一些关于她们（如克勒俄帕特拉和布狄卡[Boudicca]）出现在通常属于男性的政治或战争舞台上这样的罕见情况的猎奇记录，而这一点在当时的古代研究者眼中完全不构成问题。随着女性主义观念的发展，学者们将注意力转向女性在社会和文化的结构中所处的位置，并将之视为研究中的一个核心问题；可以说，这种思想体系的根本原则就在于："女性"应该成为社会分析（无论是面向过去的还是面向当下的）中的一个重要名词。这就创造出了一个全新的研究领域；它寻求对古代女性生活的整体性重建而非仅仅呈现其中的一些例外情况，也寻求理解古代社会在何种程度上、以何种方式有赖于对女性的控制和剥削。这些开创性的努力让证据的局限性变得更加明显：它们第一次在作者和受众两重意义上被明确辨识并标明为受到男性支配，不再被默认为没有问题。在意识到资料来源的问题之后，再现女性生活的真实状况（而非接受男性对她们的讲述）就变得愈发艰难，更不用说再现她们的思想和情感：雅典妇女**真的**是被约束于家中的某个角落，与他人隔离吗？抑或那只是男性的一种想象，或者仅仅是精英阶层的做法？然而，这种情况至少让我们开始意识到自己一无所知而又想要知道的是什么，开始意识到我们关于古代的描述的偏颇本质。现在我们终于承认自己的资料来源、现代重建努力和假设中都存在着巨大的空白：女性对希腊人家庭的贡献（如色诺芬的《家政管理》[*Oikonomikos*]中所描述）在一种完全男性化的哲学对话中如何以某种特定方式得到呈现，随后又如何在执着于"合宜的"（即男性式的）创造性努力的现代历史学者那里得到不同解读。

性别理论后来发展为一种文化表达，以性别之间的差异和对男女两性之合宜行为的期待为对象，这拓宽了可以进入考察视野的古代证据的范围。我们不再因为尤维纳利斯（Juvenal）这样的讽刺作家未能直白地提供女性真实生活的证据而忽视他，而是把他视为对罗马父权社会偏见的一种反应和/或反思，以及对男性气质和女性气质这对相互依存的概念的反应。一些研究的主要目标在于一种以其自身为目的的历史重建；另一些研究在意图上则更具明显的政治性，也更具雄心，不再简单地将女性再次置入历史场景（那样会带来一种风险——使女性历史仅仅成为一个次要分支领域，被收入综合性论著的某个部分或章节，最终被忽视），而是对我们的整体理解加以重新思索。我们应该在何种程度上将希腊或罗马的社会定性为父权式的（通过探究其整体结构如何有赖于对女性的边缘化和控制），又应该在何种程度上将古典文化视为本质上的厌女文化（古典神话中有无数饱受诗人和艺术家赞美的强奸故事，而古人的思想、讽刺作品和早期基督教著作中往往将女性描述为难以控制的野性动物，以及让人腐化的源泉）？女性主义和性别不仅为我们开辟了一片新的研究领域，也推动我们对自以为早已了解的一切加以重估。

以上明显是一种现代视角。希腊人和罗马人当然会从两性差异的角度来思考，也建立了关于性别行为和性别形象的标准（需要注意的是，这些标准与我们的标准并不相同），却并未从"性别"或"父权"的角度来分析它们。在对我们所谓的性别问题的探究上，古人也做出了一些精彩的努力——希腊人和罗马人的一个伟大之处就在于他们中的一部分人乐于从根基上批判自身生活的每一个方面——古希腊的悲剧和喜剧中都有这样的例子（在悲剧中，安提戈涅、美狄亚和赫卡柏这样的有力形象控诉了男性世界以及其中那些令她们遭受苦难的价值观；阿里斯托芬则通过喜剧探讨了种种可能性，如《公民大会妇女》[*Assemblywomen*] 中由女性支配的公民大会，或是《吕西斯特拉忒》[Lysistrata] 中那场挑战了社会习俗的、旨在反战的性罢工）。然而，在大多数情况下，古代作者都接受传统习俗，视之为正常而无可置疑；对这些作品的阅读若是缺乏批判性，就无法让我们触及任何值得讨论的东西。只有性别观念才能帮助我们认识到这些问题，并让我们对过去的理解变得更加充实。

这从来都不是一个简单地将现代理念强加于过去的问题；时代误置无可避免，因为我们无法避免从自己的角度来理解过去。利用这些现代观念来分析古代的做法往往意味着对差异性和相似性的同等强调；对概念和理论观点的有意识使用迫使我们在如何解读证据的问题上变得坦诚，而非把我们的解读当成明显的常识直接拿出来。以族群问题为例，直到相当晚近的时代，现代人对古代的讲述仍旧默认希腊人和罗马人确凿无疑地全都是"白人"（通俗历史书和拉丁语教科书就是这样的例子）。古代文本或镶嵌画中偶尔也会出现对"埃塞俄比亚人"或其他非洲族裔的刻画或讲述，然而，这种情况即使得到评论，也会被用来证明古人与后世欧洲人看待种族的角度大体相似，或是证明古人虽然了解种族差异，却没有运用19世纪那一整套关于天生低劣性的假设。如果我们怀着理论意识，坦诚地考察古代种族问题，考察身体差异和文化差异在古代如何被呈现、被解读，考察关于自我和他者的概念如何得以构建，我们就会看清：上述两种路径都太过简单化；构成时代误置的，正是现代的"白人"概念，以及将这种概念等同于希腊人和罗马人身份的假设。理论可以在过去与现在之间构建一种对话，对差异性和相似性展开探索，并昭示我们对过去或是对现代的理解在多大程度上受到我们的种种概念和假设的塑造。

有的现代理论以更强的力度主张自己的普适性，由此认为历史差异性并不适用；新古典主义经济学和进化心理学就是明显的例子。典型的古典学家会本能地反对关于普遍人性的宏大论断，坚持文化差异的重要性。然而，**假如我们能被这样一种理论的有效性说服，我们立刻就能意识到它的解释力**。这个问题因此成为论争的焦点，既探讨了理论本身，也探讨了那些将之作为出发点的关于古代世界的陈述的可信度。文本证据与其他证据从来都可以用不同的方法来解读，因此你**完全可以**从理性选择理论的角度来阅读罗马时代的经济学作品，也可以用弗洛伊德的精神分析学来解读维吉尔的《埃涅阿斯纪》(其中有太多关于父母－子女关系的内容……)；问题永远只在于这样的阅读看起来是否更有说服力或生产力。我们可以反对那种认为现代经济学理论表达了普适真理的假设中的政治意涵，然而与此相反的立场同样是政治化的,寻求的是将古代描述为一片与资本主义相隔绝的净土。这永远是个政治性的问题,永远是一场各种解读之间的角力,而让这样的争论成为可能的,正是理论。

古典学者就像喜鹊一样,喜欢在任何可能的研究领域中搜寻有用的观点。例如:他们会探索认知科学的发展前沿,将之作为基础,以考察古代晚期的布道者如何书写布道词以说服听众改变他们的行为;他们会阅读媒体理论,以弄清古代国家如何构建自身形象,确立自身的合法性;他们会借用一些网络理论,以阐释古代的贸易和迁移现象;他们还会从人类学、比较文学、哲学或是政治学中寻找资源。这种做法总是会面临风险,比如显得不够专业、过时,以及/或者是理解得过于肤浅;这就是只读上一两本书而没有完全浸入研究主题时会碰到的问题,而要想有更完整的了解,需要投入的时间又可能太多,与潜在的回报不匹配。光是为了与自己领域中最前沿的研究保持同步,我们就已经足够忙碌,更不用说还要去熟悉另一个领域中的进展。古代经济史学者对经济学严重缺乏了解的例子已是比比皆是,与此类似的情况也屡见不鲜。这个问题的答案不是退缩回自己学科内的安全空间,而是合作与智识交流,这一点已经日益明显:古典学者与其他领域的研究者展开合作，相互学习彼此的语言（有专业名词，但更多的是每个学科默认接受的预设），努力确保随之而来的探索能够令人信服，也能让其他领域的研究者（而非仅仅是他们的古典学者同行）感兴趣。未来属于比较，而这一点对古典学内部来说更为实用，因为这门学科原本就是一个跨学科的研究领域：无论是考古学者与语言学者、哲学学者与艺术史学者，还是文学专家与经济史学者，在这里无不并肩而行。

语　言

如果不是早就心存疑问，你现在也会提出问题了：但是，古典学不都是关乎语言的吗？其中当然有希腊语和拉丁语，或许还包括希伯来语、亚拉姆语、梵语，乃至古波斯语、埃及语、科普特语、哥特语、阿拉伯语，但希腊语和拉丁语是毫无疑问的。根据我们在第一章的讨论，就传统而论，语言学和语文学技能的确被视为整个古典学大厦的核心；正是这方面的训练让古典学者不隶属于其他学科，让他们有了全面而直接地接触古典文明奇迹的可能。成为古典学者意味着掌握熟练阅读古典文献原文的能力；

接下来，他才能继续开展语文学探索，发现、订正和补全文本，细致分析它们的语言，或是转而将这样的语言学技能用于文学、历史或是哲学文本的阐释——无论如何，他总是要深深植根于语言，将之作为任何古典学研究不可或缺的基础。哪怕是古典建筑学、艺术和物质文化的研究者，也被认为应当熟练掌握古代语言，以理解那些可以用于阐释这些对象的文本，例如关于艺术和建筑学的古代论文、对不同建筑的描述、关于古代生活的记载，不一而足。

这样的状况揭示了此种路径的一个显著问题（尽管对于任何研究另一种文化的人来说语言技能无疑都是有用的）：古典学曾有全面呈现古典世界的雄心，但它的全面概念却曾经是狭隘和偏颇的，局限于文本向我们展现的内容——并且在大多数情况下仅限于被挑选出来的一部分文本，因为核心经典文本在很大程度上由文化声望和公认的文学价值定义。此种做法使得人们将注意力集中在数量有限的一部分伟大作品上（这些作品被认为具有决定性，包含了任何人 [专家除外] 可能想要知道的一切关于古代的东西），而不是去尝试重建包含各种古代作品和古代思想的完整图景。这种态度依旧存在于各种"伟大著作"课程中。在探讨历史问题时，这种路径不仅会让我们依赖古代精英阶层的自我讲述（同时无视大部分古代世界都未能在存世文本中得到直接呈现的事实），也会让我们将注意力集中于他们青睐的主题，如政治和战争，而非经济与社会，更不用说大众的生活状况。在考古学中，这种文献偏向容易限定我们针对实物材料提出的问题：如果可能的话，每一处遗址都应与某个古代文本中提到的某处地点相关联（此外，考古活动往往也是由对著名地点的搜寻所驱动），遗址中的每一个毁灭遗物层都应与周边地区发生过的某场已知战役有关，而任何地区的整体发展状况也都应从基于文本的主流历史解读的角度来理解。例如，在罗马城周边地区，长达数十年的考古发掘都致力于验证公元2世纪的希腊作者普鲁塔克在一本传记中所呈现的故事：公元前2世纪的平民派罗马政治家提比略·格拉古（Tiberius Gracchus）曾游历此地，并震惊于它的荒废。事实上，考古调查已经在此地发现了来自这一时期的众多遗址和其他活动遗迹，证明它当时并非一片废土，但这个事实却不得不需要解释，甚至需要被排除；然而，一种更为自信、更以考古学为导向的研究项目本应专注于评估实物证据所真实揭示的东西，接下来或许还应该将这种东西当作语境，用以评估文献中的观点。[2]

如此狭隘的关注会严重影响我们对古代的理解。不过，在拓宽了学界愿意接受的证据种类范围（可以说，一切能得到的东西如今都被接受），又拓宽了并非来自文献却值得探讨的问题的范围之后，这个问题已经在很大程度上得到了解决。然而这还不是唯一的问题。关于那些文献的局限性，关于它们能告诉我们什么、不能告诉我们什么，当今的古典学家已经有了远比从前更强烈的认识，在提出新问题和新解读这方面也掌握了远比从前更多的方法。问题还在于这门学科在更广大的文化空间中的位置所受到的冲击、外界看待它的方式，以及由此而来的、投身于它的学生和教师的构成问题。只要关于"合宜的古典学"的界定仍取决于古代语言——因此，无论他们的研究是否真正有此需要，古典学教师和研究者仍被期待至少熟练掌握一门（最好是两门）古典语言——这门学科就会走在一条排他的、与它的其他所有目标相悖的道路上。有的中学比其他中学更倾向于精深的古典语言教学，培养出一批认为只要自己愿意就可以从事古典学研究的学生；有的学生则比其他人更倾向于选择古典语言研究。大学也会为那些在中学阶段没有机会学习古典语言的学生创设"古典研究"项目，但这些项目若仅仅被视为"真正的古典学"的低劣替代，就毫无意义。中学阶段那些旨在拓展古典研究主题的项目在任何致力于此的人看来都极有价值，但这样的项目若是专注于语言教学而非古典研究的全貌,便只会让问题继续存在下去。[3]

古典学无疑需要古代语言和文学方面的专家:他们掌握了精深的知识和技能,有能力缀合残破的文本,理解这些文本结构的复杂性,探索其中的隐喻和其他文学效果,辨识那些微妙而不易觉察的、指向其他作品和作者的典故,诸如此类。然而,古典学并不需要每个人都成为语言学家。古典学中还有许多无需我们阅读希腊文或拉丁文的原文文献就可以推进乃至达到顶尖水平的领域:或是因为研究主题所需要的主要是实物证据,或是因为翻译文本足敷使用,或是因为它本来就是一个现代问题(例如我们在下一章将会讨论的古典的接受问题)。在对大多数主题的研究中,掌握一些拉丁语或希腊语知识当然是一个有利条件,因为这样你才能够理解那些探讨这一主题的学者的论证,或是利用某个参照文本来确认某些问题,或是验证某些语句的翻译是否准确。然而,我们不必要求每个古典研究者对语言都精通到可以独力解决文本问题或是向学生教授高级语言课程的程度。即使从大学才开始学习希腊语或拉丁语,学生仍有可能在技能上达到高水平,甚至可以与那些刚上中学就开始语言学习的学生比肩,但这并非对每个人都成立;此外,我们还应考虑这样一个问题:在专注于语言学习的同时,他们**忽视**了哪些技能的培养?

在关于何为古典学的大众观念中,甚至在一些专业古典学者的假设中,语言仍旧占据着支配性的地位,这种状况部分源于这一学科的历史遗产,以及那种将专业技能和秘传知识当成古典学与其他学科之间的边界划分手段的主张。但它也是那种"孤独学者"传统的遗留,即认为一切研究都应由个人独力完成,因此这个人需要掌握一切必要的技能。这种传统忽视了一个简单的事实:我们无须一切都亲力亲为;我们可以与他人合作,在学科内如此,在学科之间也是如此。我个人认为:至少对那些研究历史问题的人来说,考古学在重要程度上或许并不低于语言。因此我便努力了解考古学,以利用考古领域专家的研究成果,并与他们进行有效的对话。这样的做法在古典学的大多数专业领域中都十分常见;语言学方面同样应该如此,以使其他领域的研究者能掌握足敷使用的希腊语或拉丁语知识。如果遇到更高深的问题,他们完全可以求教于某个专家。

语　境

如此纷乱的学科交叉性既是古典学取得成功的钥匙,

也是在耕耘这一领域或研究这一主题时所体验到的纯粹喜悦的钥匙：这门学科在对古典世界的观照中集合了多种多样的视角，利用众多不同的技术和理论——其中一部分彼此啮合，相互支撑，另一部分相互之间则存在张力或是冲突。许多学科的研究大体上都遵循一种单一范式，有一套共同接受的流程与方法论，古典研究却是一个关于不同范式、路径和方法论之间的创造性碰撞的故事。新的知识与理解来自新理论在旧问题上的应用，来自根据熟知的证据提出新的问题，来自从不同的视角对同一个问题的审视，也来自那种认为任何一小点证据都能以多种方式、在不同语境中得到解读（进而被置入彼此之间的创造性对话）的强烈意识。

以古典传统中最为核心的话题之一为例，我们应该如何看待希腊悲剧？排在第一位的是这些戏剧的文本，其次是它们的语言、风格和不同种类的格律；同一作者的不同作品之间存在着比较，但不同作者之间的比较会更多：是应该在更古奥的埃斯库罗斯与更圆熟、更"现代"的欧里庇得斯之间识别出一种历史发展，还是在不同写作风格和"悲剧性"概念之间看出一种对话关系？这些戏剧的情节和人物都有其源头，例如来自希腊神话中的故事、对荷马史诗和其他诗作的重新讲述、器皿或雕塑上的艺术呈现；

它们也包含了悲剧作家对这些材料的改造，如修改情节以服务于自己的目的（我们所熟知的俄狄浦斯故事——他战胜了斯芬克斯、娶了自己的母亲、最终戳瞎自己双眼的那个版本——在很大程度上是索福克勒斯的创造，而非这个故事的传统样貌）。我们可以重建这些戏剧的演出过程，了解它们如何在盛大的雅典市民节日这样一种特定宗教－政治语境中被搬上舞台。我们会看见更为广阔的雅典/希腊政治话语语境，关于性别角色的预设，关于律法、家庭、社群或公正的观念；它们有时构成这些戏剧的背景，帮助我们解读它们，有时则是整部戏剧的关注焦点。我们会看见来自哲学家和批评家的讨论、其他作者和视觉艺术家对某部剧作的接受情况，更不用说各种现代版本的演出、翻译、改编、修订和再造——它们又会反过来影响我们对原文的阐释。此外，种种关于悲剧、心理学、政治话语、媒体、剧场实践的现代理论也会向我们提出新的问题和解读方式。

　　以上种种视角中，没有哪一种能让我们得到整全的理解。其中一部分无疑还会带来一些相互冲突的（至少是彼此难以兼容的）观点。它们共同影响着我们关于悲剧的争辩和讨论，而这还只是古典时代所包含的众多世界和多重面相中的一个例子，只是对过去的重建以及我们关于它的理解中的一部分。雅典的政治是古希腊悲剧诞生的语境之一，但悲剧是雅典政治的语境之一这样的说法也同样成立。毕竟，我们面对的是一个口头表达占据支配地位的社会，演说和表演在其中有着至关重要的地位；无论是在剧场中还是在公民大会中，我们都能辨认出"竞赛"（*agon*，即两种观点之间的定点式争论和确定意义的努力）的痕迹。部分出于自己的兴趣，部分因为论题的组织方式本来如此，古典学家们倾向于将自己的工作等同于文学研究、历史学方法，或是哲学，然而我们已经一再见证：让我们能够厘清过去的，正是对这些条条框框的破坏、观点的自由交流，以及对审视我们难免零碎的古代知识的种种不同视角的探索。

注释

[1] 关于罗马时代的不列颠是否生活着"非洲人"以及基因证据的使用等问题，可参见下列文章：Caitlin Green（"A Note on the Evidence for African Migrants in Britain from the Bronze Age to the Medieval Period", 23 May 2016: http://www.caitlingreen.org/2016/05/a-note-on-evidence-for-african-migrants.html）; Sarah Zhang（"A Kerfuffle About Diversity in the Roman Empire", *The Atlantic,* 2 August 2017: https://www.theatlantic.com/science/archive/2017/08/dna-romans/535701/）; Massimo Pigliucci（"Beard vs Taleb: Scientism and the Nature of Historical Inquiry", *iai news,* 11 August 2017: https://iainews.iai.tv/articles/beardnassem-taleb-twitter-feud-and-dangers-of-scientismauid-868?access=ALL）。

[2] 关于考古学和"荒弃"的意大利，参见 Alessandro Launaro, *Peasants and Slaves: the rural population of Roman Italy* (Cambridge, 2011)。

[3] 关于在中学中推广古典语言和古典研究方面的教育，参见以下两个组织的网站：Advocating Classical Education (http://aceclassics.org.uk/)，the Classical Association of the Middle West and South (https://camws.org/)。

III 理解当下

对古代的接受

古典学之所以重要,是因为它从来就重要。当然,这只是普遍意义上的过去之所以重要的原因的一个子集:我们相信过去能让我们认识自己的身份,认识到自己在世界上所处的位置,认识到我们的习俗和行为的根源。就古典学而论,我们大多数时候面对的是想象性的谱系和继承关系,是接受与改造的问题。即便如此,古典学仍旧具有强大的力量。

在产生它们的文明覆灭之后的漫长历史中,古代文化中的无数方面——如文本、法律、艺术品、观念、建筑、语言、道德典范、服饰,等等——依旧有着持续不断的影响力。有时我们还能辨识出直接将古代与当下串联起来的连续线;这样的传统通常会涉及重新引入已不为大众所知晓和使用的古典遗存。认为希腊罗马典范在一切文化和知识领域中都拥有绝对权威的信念意味着古典观念渗透进文艺复兴时代和欧洲早期现代的文化，并随着欧洲人的贸易和征服旅程而开始向世界其他地区流播。然而，这从来不是一个单纯的欧洲传统：阿拉伯世界对古典观念同样熟稔，曾将某些希腊语文本纳入他们自己的智识文化，而中世纪的欧洲（至少是欧洲西部）却只在有拉丁语作者提到它们时才对这些文本有所了解。到了早期现代，西欧各地受过良好教育的人都很容易接触到古典作品，并且用各种典故和引用来点缀他们自己的写作——却很少或者说无须给出来源。他们的后代将这种传统带到了美洲、亚洲、非洲，乃至欧洲的对跖地*。现代世界开始对古典的权威提出疑问，然而对哲学家、艺术家、政治家和历史学家来说，来自希腊罗马的文化传承仍是我们所熟知的典范、有力形象和富于启发性的论证的神奇源泉。简言之，我们难以想象当今人类文化中还有哪个方面、世界上还有哪片地区（除开那些完全与世隔绝之地）的历史未曾在某种程度上受到

---

* The Antipodes. Antipode 一词指球面上一点与球心连线的延长线与另一侧球面的交点；此处的 the Antipodes 指大洋洲，因大洋洲与欧洲在地球球面上大致处于对称位置。

古典世界的影响——哪怕它在当下许多领域中的存在仅限于一些难以觉察的痕迹。

这样的例子实在太多，无法一一列举。罗马法（以及渗入其中的前罗马元素）影响了世界各地法典的发展，连英国普通法这样基于完全不同的体系和传统的法律也不例外。如果我们审视得更仔细一些，就会发现希腊人和罗马人的自由（freedom/liberty）观念似乎与我们今天对它们的理解大相径庭；然而，古典自由的理想，以及认为古典自由在古代占有重要地位的观念，已经成为影响我们当前对西方政治的理解的话语传统中无法分割的一部分。诸如恺撒、克勒俄帕特拉和亚历山大这样的古典人物，以及对他们的人格和行为的道德化解读（这样的解读早在古代就已经充斥他们的传记），至今仍是有力而复杂的文化符号；以戏剧、电影、电视剧等形式，他们的传说一再重现，也一再被改造。象征着尊严与优雅，或许也代表了传统风格的古典柱已经成为全球各地建筑中普遍存在的特征，尽管它早已不再是建筑结构中的核心要素，而是变成了一种装点。古典处于持续不断的变化之中，同时又常常在观者和阅读者眼里保持着一种特别的光环。

对古典历史的接受过程向来是复杂而多重的。仅以视觉艺术为例，后世艺术家可以从古代得到的东西包括：直接复制或模仿的范例；一种关于可以（或应该）如何表现人体的更广阔的理解；处理诸如大理石或青铜等材料的不同技术；一套用以传达"古典性"的母题和特点；关于艺术和美学的古代理论著作；建基于古代观念之上并／或提出对古代实物和图像的新分析的现代理论著作；内容丰富的潜在主题库（尤其是神话和神话故事的文学版本）；古代日常生活中那些可以被纳入艺术表现的痕迹（尽管古代城市总是被表现得格外明亮干净，如我们在 19 世纪艺术家劳伦斯·阿尔玛－塔德玛 [Lawrence Alma-Tadema] 的作品中所见）；一个描绘衣着暴露的女性（毕竟，难道塞壬们还会穿衣服吗？赫伯特·詹姆斯·德雷珀 [Herbert James Draper] 可不这么认为 [参见图 2]）乃至生产赤裸裸的色情作品的借口；基于对希腊人艺术的研究而产生的希腊精神观念——这种观念本身又可以成为新艺术的灵感（如 J. J. 温克尔曼 [J. J. Winckelmann] 的研究成果所示）；此外还有一种代表了艺术中所有**错谬**的典范——以供现代派和先锋派艺术家愉快地从中叛离，并提出他们自己的、关于古典母题和"真正"古代精神的更优越版本来取代它（如乔治·德·基里科 [Giorgio de Chirico] 的《诗人的犹疑》[*The Uncertainty of the Poet,* 1913] 和萨尔瓦多·马蒂斯的 [Salvador Matisse]《伊卡洛斯》[*Icarus*，1947] 所示）。在某

图 2 赫伯特·詹姆斯·德雷珀《尤利西斯与塞壬们》(*Ulysses and the Sirens*, 1909)。画中的一切是否都表现出最好的品味?

些时代，古典形象以及古典观念就意味着艺术上的完美、无法触及的理想之境，以及美与真的典范；在另一些时代，它们又被视为化石、传统的枯死之手、危险的谎言、令人恶心的对象；通常它们既是此，也是彼，总会成为关于艺术的本质和目标的争论中的焦点。

此外，我们也可以纵览众多让某个古代典范在其中得到阅读和重新阐释的语境。自从其著作在14世纪由拜占庭被重新引入西欧，公元前5世纪的雅典作者修昔底德就是一位重要作者。人们往往称修昔底德为"历史学家"，在阅读他的作品时不仅将他视为他所描述的事件的可靠信息源（许多读者或许对他自称的客观态度有着超出合理的信任），也把他的作品视为当下历史研究和历史写作的典范。在19世纪，人们甚至将修昔底德称为新近由一些德国学者重新发现的批判性"历史科学"之规范的创立者。然而还有另一种同样悠久的传统，将修昔底德理解为政治理论家、哲学家或某种形态的组合体（哲学家托马斯·霍布斯曾称修昔底德为"有史以来最富政治性的历史作者"）；在现代国际关系理论中（修昔底德常被描述为第一位国际关系现实主义者），在关于战略、军事教育的著作和美国海军战争学院等军事院校的课程中，在博弈论的前沿著作中，他都被引为权威；他出现在20世纪的小说、诗歌、视频游戏，乃至鲍勃·迪伦的回忆录里；他的记述中的人物所说的话出现在战争纪念碑上、退伍军人日演说中、欧盟宪法草案中，也出现在美国的参议院发言中——尤为值得一提的是，在9·11事件之后，众议员欧文斯少校*曾以说唱风格提及《伯利克里在殉国将士葬礼上的演说》：

> 为了所有被劫持的岁月，
>
> 河流哭泣，
>
> 感到带血的眼泪
>
> 凝成的冰山
>
> 死亡般的寒意；
>
> 伯利克里的不屈演说
>
> 必将于此刻
>
> 在灰烬中重新响起；
>
> 比灾难更长久的是
>
> 杰斐逊的厚重基石…… [1]

以上这些对修昔底德的阐释彼此并不一致，有时甚至相互

---

* 指美国前众议员罗伯特·奥德尔·欧文斯（Robert Odell Owens, 1936—2013）。

冲突；我们会在不同的语境中遭遇不同面目的修昔底德。然而这似乎并未影响他的地位，正如每当有人在推特上提到"历史是以例证方式讲述的哲学——修昔底德"或"在一个将学者与战士区别开来的社会里，思考是懦夫的事，而战斗是愚人的事"时，修昔底德作为一位值得阅读和引用的作家的形象就不断得到强化——尽管他从未说过这两句话。

这种张冠李戴对我们来说是一种提醒：大多数时候，一个关于古典接受的例子与古典时代的真实情况之间的联系极为薄弱，或者在很大程度上来自幻想——即便如此，我们所**想象出来的**过去的力量也不一定会被削弱。古典世界及其文化仍旧拥有相当的权威，因此古典学者的一部分责任或许就在于指出我们所以为的这种权威的源头乃是一种虚构，甚至是一种伪造。然而，我们同样不应忘记古典学者可能会为这样的事情投入太多精力（没错，身为一个致力于纠正各种假冒修昔底德名言的推特账号的维护者，这就是我的经验之谈），一面坚持认为古代世界的利用方式的决定权应该专属于他们，一面过度高估古典元素的价值。作为一个深陷重围的边缘学科的从业者，我们往往会为在电视节目中（比如以庞贝为背景的那一集《神秘博士》！）和公共话语中（斯蒂夫·班农喜爱斯巴达！）遇到的古典元素而兴奋,会觉得:啊,我们仍然有用!——却未必会仔细思索或是客观看待这些现象。有一些关于古典接受的研究仅仅对现代文化产品中的古典元素加以描述,或许再加上对这些元素的古代源头的辨识,却没有尝试分析它们的影响或是将文本或艺术品置入其原生语境中来审视。我们不假思索地辨识出各种古典内容,以为它们对其他人来说同样明显,也同样重要。事实上,哪怕被抹去了其中所有对修昔底德的指涉,现代国际关系理论的大部分内容(它的核心信条和预设自然更不会例外)仍不会受到丝毫影响。这并非是说修昔底德无足轻重(国际关系理论家们从来不会停止引用他——哪怕已有人发表文章告诉他们不应再这么做——这个事实本身就**深有**意味),但是,对这门学科来说,他无疑并没有忙于辨识对他的种种指涉的古典学者所以为的那样重要。

事实上,古典学者可能并不一定是研究古典接受问题的最佳人选;我们对古代原文有切实的了解,但正因为如此,我们也容易夸大它的重要性,同时忽视许多接受过程的接触范围——它最多只是我们所理解的"真正问题"的一个边界不清的、非学术的、半想象性的镜像。举例来说,若要认真研究18世纪美国政治思想或20世纪古典音乐中的古典接受问题,最重要的应该是对18世纪美国政治思想或是20世纪古典音乐的分析，而不是古典学，而这种分析也要求研究者掌握关于这些语境和传统的详尽知识，以及相应的学术背景。也有一些古典学者熟练掌握了这些额外领域所需的专业知识，让自己的成果对专家有同样的说服力，然而这并非普遍现象。古典学者需要严肃对待其他学科的专业知识，以及其他历史语境的特殊性——要么努力学习来追赶，要么开展恰当的合作；我们需要承认其他领域的研究目标的正当性（尽管古典元素在其中或许只是一道从属于更广阔研究的支流），而不是以为我们的问题才重要。不过，随着古典接受研究离开它的传统根据地（文学和艺术研究），开始审视富有创造性的艺术家如何在自己的创作中回视古代的文本和对象，并探索古典在现代思想和现代文化的全新领域中的影响，古典接受研究在将来完全可能成为一个令人无比激动的合作空间。

接受的政治

至少从希腊罗马文化不再被默认为一切知识的根基开始，古典的接受就一直是政治性的。在直接涉及政治问题时，这一点再清楚不过。我们不可能将关于雅典民主制的现代观点（从 17 世纪那种将雅典民主视为暴民非理性之可怕体现的态度，到 19 世纪那种将之描述为公共参与的积极看法）与当下关于治权、国家与民众之间的关系以及新形态的公民等观念分割开来。以上两种话语中，哪一种都不能被简化为另一种，但它们彼此之间的影响和应答却持续不断；此外，一些看似无关的历史表述——例如关于伯利克里的治国手段或克勒翁的平民主义修辞的那些——也曾经无可避免地蕴含（或者说，一直蕴含着？）关乎当下的政治能量。罗马的情况与此类似。这一点既体现于它对美国政治体制的影响（这种影响经过波利比乌斯 [Polybius] 的过滤，又与一系列其他历史范例和理论共同被接受），也体现于它的双重角色：它既是一种帝国原型，为现实中的帝国树立了典范（罗马对这些帝国的影响尤其体现于它们的自我形象塑造和视觉身份上），又是一种方便的对照，可以用来攻击对神圣民族国家构成威胁的欧盟和联合国等组织。

　　古典历史可以被国家、君主或是精英统治阶层利用，也经常如此被利用。毕竟他们掌握着必备的知识（至少掌握着那些可以替他们消化这些知识并将之以合适形式呈现的学者），也掌握着可以将之付诸实践的资源。我们关于古代的知识有赖于富裕者所提供的保护，但这一点经常被低估。同样地，在艺术、文学、建筑和思想领域，众多有关古典接受的例子之所以能够存在，也有赖于社会精英阶层的古典化口味。然而，对古代文化和历史的了解同样可以服务于革命性的目标，正如卡尔·马克思在他的文章《路易·波拿巴的雾月十八日》（The 18th Brumaire of Louis Bonaparte，1851—1852）中回顾法国革命时所言：

> 不管资产阶级社会怎样缺少英雄气概，它的诞生却是需要英雄行为、自我牺牲、恐怖、内战和民族战斗的。在罗马共和国的高度严格的传统中，资产阶级社会的斗士们找到了为了不让自己看见自己的斗争的资产阶级狭隘内容、为了要把自己的热情保持在伟大历史悲剧的高度上所必需的理想、艺术形式和幻想……[2]

对古代的研究向我们表明：重大的历史变革是可能的，世界并非从来如此。法国的革命者有勇气挑战国王，是因为他们知道罗马人曾以自由之名推翻国王，并由此建立一个辉煌的帝国。这种关于历史的观念可能过于理想化或者简单化，甚至到了荒谬的程度，但它们却蕴含着力量，能够开启新的想象空间，能够证明未来可能有所不同——因为过去也曾经不同。

古代所包含的变革力量并不一定与推翻资本主义有关。古典时代的前例可以支持一种规模更小但同样重要的改变。古代希腊文化在同性恋历史中的重要性就是一个明显的例子（约翰·阿丁顿·西蒙兹 [John Addington Symonds] 等同性恋古典学者先锋的著述也体现了这一点）：无论是对男性美的欣赏，还是关于男性之间的友谊和彼此吸引（如阿喀琉斯与帕特洛克罗斯、阿尔西比亚德斯与苏格拉底的故事）的谈论，都有古典文化这一体面的基础；此外还有一个逐渐得到承认的简单历史事实——在雅典的贵族阶层看来（至少从他们的某些著作来看是如此），这样的关系在社会生活中是可以接受的。有一种现代学术论证认为对"希腊同性恋"的讨论可能造成误导，是一种时代错置，而希腊人对这种关系的看法迥异于我们，但这种论证在此或许并不适用；这种关于古代的看法无疑有所理想化，成功地将同性恋关系观念合法化了。任何关于古代性道德的讨论都不可避免地具有政治性，都反映了我们自身的做法，向我们表明：这些做法完全是习俗性的，并非不可改变。

即使在未被用于反映当下的政治安排或批判当下的社会状况时，古典文化仍然是政治性的，只因为我们对它的接受和再阐释都发生在一个由政治结构和政治关系组成的网络中。关于古典文化的归属（即谁有权占有它和定义它的问题）的斗争从未停止。从19世纪开始，古典知识就摆脱了（至少是部分摆脱了）统治阶层、男性和异性恋人群的掌控；我们不再仅仅通过他们的眼睛、先入之见和偏好来观察过去，不再允许他们不受批判地利用过去来为自己的地位辩护。然而，仍有人声称古典时代是某个自我标榜的"种族"的专属遗产，而将它从这种主张中解放出来的斗争才刚刚开始。希腊人和罗马人很早就被定性为白人，被当成现代欧洲人及遍布全球的欧洲人后裔的祖先——即便这意味着以种族更劣等为由否认今天的希腊居民也有继承这种遗产的权利。欧洲人认为他们对这一文化传承的占有毫无疑问地比衰朽的亚细亚人和原始的非洲人所拥有的一切更优越，这也成为将征服和奴隶制合法化的理由。任何表明希腊的光荣和罗马的伟大可能与其他更劣等的文明有丝毫联系的证据都被无视或是悄悄跳过；古典时代的人物被描绘成白皮肤的欧洲人，不带一丝现实中地中海世界所呈现的那种混合与文化交流的痕迹。

那种认为古典文化是"我们的文明"的根源、希腊人与罗马人与我们同源同种的说法（"就连我们的文化废墟看上去也是那么令人震撼！"一名美国女子在推特上贴出一张在土耳其拍摄的古代剧场照片时这样写道）已经成为一种对专属所有权的主张。种种"伟大著作"课程将那些古典时代的正典作为"死去的欧洲白人男性"（"男性"和"死去的"这两个标签没有问题，另外两个则值得拷问）的原作纳入，没有给来自更多文化的文本留下空间，暗示这种做法完全正当合宜——因为他们本来就高高在上，而作为他们的白皮肤继承人的我们同样如此。我们从一种本质上属于"白人"的角度来阐释各种本可以被视为人类共同遗产的文本和实物，使得它们无可避免地变得对其他文化传统来说难以理解和欣赏，而这种状况反过来又被当成他们比我们更低劣的标志。如果古典学尚未意识到它在多大程度上陷入了这种排外的和创造神话的过程，在多大程度仍然深陷其中，它便会在一条完全错误的道路上对当代世界产生影响——在文化保守派手中成为武器，在其他所有人眼中成为不值得信任的、只配被嘲笑的对象。

重造古代

如我们所见，从来就没有一个单一而稳定不变的古代，有的只是众多世界的交叠、各种可能的样本和影响组成的万花筒，以及五花八门的实物和文本，可以让我们从多种不同视角来审视。与此类似，古代的文本和实物也总是可以用多种方法来阐释；有的方法看起来更为可信，或者说比另一些更容易为人接受，但也从来不能免于挑战和修正。因此，当看到古代在后世同样以无数种经常彼此参差乃至抵触不断的方式被接受时，我们不应该感到太惊讶。在接受发生之时，古代总会在一定程度上（乃至很大程度上）被重造——哪怕接受者真诚地认为自己对原初版本怀着最大的忠实。在这个研究领域中，"意义实现于接受发生的那一刻"已是老生常谈；它不仅强调了重造一再发生的事实，也强调学者的角色就在于理解和阐释这种重造，而**不是**以某个被预设为真实和/或更优越的原初版本为标准去评判它。

换言之，讨论莎士比亚的《尤利乌斯·恺撒》（*Julius Caesar*）的历史准确性问题（无论是剧中因为时代误置而出现的自鸣钟，还是别的）是毫无意义的。我们甚至不会关心他对普鲁塔克笔下原本就扭曲了的恺撒生平又有多大程度的改写；或者说，不同来源之间的联系如何、内容的修改为何以及怎样发生，这样的问题的确是研究中的一条重要支流，却不是用来评判莎士比亚的成就的标尺。重要的是，莎士比亚怎样出于自己的目的，以古代材料为基础，又从中有所发明，（重新）创造了恺撒这个人物和他生命中最后的故事。我们在阅读任何文本时都可以有多种不同方式，在面对这样一件结构复杂的艺术作品时更是如此：这部戏剧会让我们想到人们对古代的当下认知，以及这种认知曾如何被重视；它揭示了古代的范例可以如何被用于对当下事件或紧迫的政治问题的隐匿评判，也在观照过去和当下的不同视角之间建立起一种对话。它强调的是古典中那种使其能够被重新利用和重新想象的力量和可能性，而不是它对后世能从中读出什么的限制力。

与此类似，东德作家克里斯塔·沃尔夫（Christa Wolf）在她的小说《卡珊德拉》（*Cassandra*, 1983）中回顾了荷马的《伊利亚特》和埃斯库罗斯的《阿伽门农》，将二者当成隐晦地评论她所在的社会的工具（被围困的特洛伊变得越来越像一个过敏的警察国家，想要阻止卡珊德拉说出眼前状况的真相），也当成一种探讨战争和女性如何往往成为战争的牺牲品却又只能沉默忍受等更广泛议题的手段：

> 城堡中似乎仅有一个男人知道如何面对漫山遍野的敌军，那就是欧墨罗斯。他拧动螺丝。他抛出他的安全网，罩住整个特洛伊——这网此前曾让王族和官员们感到窒息，如今却影响了每一个人。入夜后，城堡大门紧闭不开。人们能够携带什么受到严格管制，

只要欧墨罗斯认为有东西应该被禁止。负责的干员获得了特别权力。

我要说：欧墨罗斯，这不可能。（我当然知道这是可能的。）为什么？他的发问礼貌而冰冷。因为这样一来，我们便会伤害彼此，更甚于希腊人伤害我们。我很乐意听你继续说下去，他说。此时恐惧笼罩了我。欧墨罗斯，我呼喊，我哀求，说出至今让我感到羞耻的话：相信我！我和你想要的是同一种东西。

他嘴唇紧闭。我无法说服他。他严肃地开口：很好。那你会支持我们的做法了。[3]

特洛伊的传说无人不知，因此被用作探索的基础，以使读者能够理解沃尔夫的手法——她通过卡珊德拉的眼睛重新讲述了特洛伊的故事，又将史诗语言和斯塔西*语言加以并置，以此呈现审视事件的不同视角。出于同样的理由，对《奥德赛》和希腊神话的重新讲述从不过时：艺术家得以探索原版本故事的伸缩空间和灵活性，从它的文化遗产中汲取养分，把其中已有的关系变成自己的舞台；读者既能体

---

*　Stasi，东德国家安全部（Ministerium für Staatssicherheit）的简称。

会到熟悉感，也能理解改变。此外，原版本在当下产生新意义的潜力被揭示出来，让它同样呈现出不同的面貌：沃尔夫还表现了荷马原诗中内在的残忍和暴力，以及它对男性的侵略性和毁灭倾向的赞美——时至今日，这种赞美仍在将前者合法化。在对《伊利亚特》的接受中，沃尔夫反思了它在过去被接受的状况，也反思了它过去的影响，让我们可以在将来以不同的方式来阅读它。

现代艺术家和思想家在重造古代时所表现出的智慧，以及古代对再造的宽容度，都值得我们称道。然而，当我们审视众多让我们不适的古典文化利用方式时，便会发现古代的这种延展性也可以带来问题。我们是否可以因为自己不喜欢那些结果，便反对某些特定的重造，开始使用"合宜"和"误读"这样的话语？这样的例子并不难找：20世纪各个极权政权对古典象征、建筑和雕塑的大量使用，意在将动产奴隶制合法化的对亚里士多德的引述，欧洲另类右翼和极右翼运动对源于斯巴达象征体系的各种模因和徽记的吸收，还有《斯巴达三百勇士》（2006）这部令人难以启齿的电影。鉴于它们都声称拥有某种历史合法性，是对过去的真实表现，我们便可以驳斥它们（无论这种驳斥多么缺乏新意）。然而，**我们**关于古典的看法与它们不同这一点并不能让我们直接声称：戏谑式的、专注于当下的古典重造的权利只属于我们。相反，我们需要承认古典文化与其他任何知识一样，无可避免地向这些利用方式敞开大门，也正因为其绵延不绝的力量和回响才更容易被如此利用。我们可以、也应当基于政治和道德立场来表示反对，但我们无法直接打起真实性的大旗，因为我们很清楚这样的主张并无根据。

对古典学者来说，更为重要的（哪怕也更为痛切的）是如何面对这样的事实：我们珍视的古典文化不仅对这样的利用方式敞开，甚至是主动欢迎它们。许多个世纪以来人们一直用力量、美和纯洁等词汇来描述一个理想化的希腊，这在某种程度上导致了纳粹对它们的崇拜，但我们无疑也能在希腊人自己对力量和权力的信仰中找到这种崇拜的根源。在古代世界占有支配地位的是贵族式的战士文化，赞美战争与不平等；在那些令人深感厌恶的人中，斯巴达人显然是组织化和军事化程度最高，也最缺乏文化的一群。正如在每一位凯旋的罗马将军的战车上总有一名奴隶在将军耳畔小声提醒他仍是凡人，我们同样需要一个小小的声音不断提醒我们：在每一位罗马将军背后，在古典文化的每一项成就背后，都藏着数不尽的尸体——它们属于那些饱受摧残、耗尽了血汗的奴隶。这并不意味着我们应该为自己对古典艺术和古典文学所产生的审美反应永怀歉疚，或是完全不信任我们出于直觉对某些作者所怀有的亲切感和同道感，但我们的确需要意识到这些反应在多大程度上受到千百年来的古典传统的塑造，意识到我们在多大程度上仍旧倾向于忽略古代世界中那些令人不适的方面。

要理解当下，理解希腊和罗马留在其中的丝缕痕迹，需要古典学者们在对古代被接受、被重造的种种方式的理解和阐释上提供帮助。然而，每一位古典学者，包括那些专注于古代而非其后世回响的古典学者，都应该关注接受的历史，以及它对他们的理解的冲击。古典历史从来不是让人逃避当下的桃源，而是永远背负着当下的印记。

注释

[1] 关于这首歌以及现代对修昔底德的接受的其他方面,参见 Neville Morley and Katherine Harloe, eds., *Thucydides in the Modern World* (Cambridge, 2012), 以及网站 http:// thesphinxblog.com 上定期更新的文章。

[2] Karl Marx, "Die achtzehnte Brumaire des Louis Bonaparte" [1851-1852], in *Marx-Engels Werke* (Berlin, 1960), p. 116. 英文系笔者译出。(中文译文引自中央编译局《马克思恩格斯全集》第八卷,人民出版社,1961 年,第 122 页。——译者注)

[3] Christa Wolf, *Kassandra* (Darmstadt, 1983), pp. 133-134. 英文系笔者译出。另有 Jan van Heurck 的英译本: *Cassandra: a novel and four essays* (London, 1984)。

IV 放眼未来？

有用的知识

我们可以只为过去本身而研究它，也可以将它视为理解当下种种重要方面的手段而研究它。我们可以认识到古典世界有着巨大的影响，同时无须坚称它拥有某种特别的、内在的价值或意义——如果这样坚称只是因为前人**相信**古典世界（或者至少它的某些方面）在西方传统中具有某种特别的、内在的价值和地位。这是关于古典学为何仍旧重要的一种论证，然而它是否足以让人文学科的批评者闭嘴则是一个开放式的问题。他们会声称：这个世界还极度需要科学家和工程师的工作，以使我免于即将到来的全球灾难以及/或者保障我们的经济继续运行（你可以根据自己的意识形态偏好，自行选择以上内容），而这些学科对这个世界来说还是难以承受的奢侈品。众多古典著作和古典艺术的确蕴含了不可否认的美好、力量和魅力，但那并不能让人填饱肚子。当然，我们也可以从学习古典学能培养种种广泛适用的技能这个角度来辩护——研究能力、分析能力、解读能力，处理不确定性和模糊性的能力，以及把这一切用不同格式条理清楚地呈现出来的能力。作为一门学术型科目，古典学不会给学生带来特定职业所需的技能，但是如果你先前已经决定放弃 STEM 学科*，古典学也不会让你放弃更多选择。可以说，这个世界的未来前所未有地晦昧不明，更不用说还面临着自动化蔓延的威胁，因此它恰恰需要这些普通分析技能，需要一种适应调整的视野，而不是那些与各种或许在十年之内就会被机器人和人工智能替代的工作相匹配的技能。然而，这种辩护存在一个明显的问题，那就是其他人文学科和社会科学学科同样可以良好地培养这些技能，并且按理说它们对当代世界也更有用处。此外，就算古典学能够证明自己并没有比其他人文学科**更**近于一种可有可无的爱好，人们也可以指出它比其他人文学科更需要调整，因为它有着支持可疑政治议题、支持社会分化的悠久传统，需要为此做出补偿……

---

* 科学（science）、技术（technology）、工程（engineering）和数学（mathematics）这四类学科的首字母构成的缩略词。

我们是否还能为古典时代研究找到比这更好的理由？至少，我们在古希腊找到了构建这种论证的第一次努力——修昔底德曾尝试说服读者相信从他的作品中可以比从单纯的事实中学到更多东西：

> 因为缺少故事的成分，我的书看起来或许不那么引人入胜；但是，如果有人希望清晰了解过去发生之事和将来某时可能以同样或类似的方式再次发生之事（这是人的天性使然），并且认为这本书有用，那它就很好地达到了目的。我写它，是为了让它能够永世垂范，而不仅是一时的娱人之作。[1]

修昔底德有意对潜在读者发起了挑战：如果你只是想找点乐子，或者只想确认自己的先入之见，就不该尝试这本书，而阅读这本书也不一定会带来愉快的体验；然而，亲爱的读者，如果你是那特别的少数人，你就会发现它的独特之处，会觉得自己比所有无法欣赏它的人更优越。它不仅会让你获得关于过去之事的真确而可靠的知识，也会帮助你理解当下和未来。

从这些角度来阅读修昔底德已经成为悠久的传统。各个时代的历史学者努力扩展修昔底德的声称，将它应用于普遍意义上的历史写作（如美国哲学家乔治·桑塔亚纳[George Santayana]所言："忘记过去的人，注定会重复过去"），也用它来为整个历史学大厦辩护，却不一定会解释关于过去的知识**如何**发挥作用。在更具体的层面上，正如我们在上文中所见，修昔底德已经转而被解读为一位政治学和国际关系理论领域的先行者：他以事件的原始素材为基础，提出了关于政治和国际关系的普遍理论，而这些理论又可以被用来预测未来的发展。在过去的纪念中，几乎每一次关于中美关系的讨论都会提到"修昔底德陷阱"。在这一理论中，修昔底德关于伯罗奔尼撒战争起源的论述——"雅典的壮大，以及这种壮大在斯巴达人心中引起的恐慌，让战争变得不可避免"——被理解为一种跨历史的准则，在今天则暗示着美国这个传统强国和正在崛起的中国之间的紧张关系演变成冲突的可能比大多数人所认为的要大得多。"被流放的修昔底德早已知悉"，W. H. 奥登（W. H. Auden）在谈论第二次世界大战的爆发时这样写道，而众多读者也确信修昔底德的讲述中的洞见似乎以某种方式至今适用于当今世界。[2]

　　的确，这些将修昔底德视为社会科学家的解读容易忽视古典学者们详尽细致的语文学分析；古典学者可能会坚持认为这未必就是修昔底德的话的真实意思，而以下事实值得他们警醒：古典权威在当下的讨论中保持着重要性，但这种重要性不一定需要古典学者的支持。我们仍旧可以相信这种情况标志着古代知识有用于当下的潜力，哪怕它只是源于那种被归于古典文化的持续权威性。接下来，我们就可以思考还有其他哪个古代作者可以提供类似洞见：讲述关于人类社会普遍理论的哲学家们自然是当仁不让，但另一些历史学家同样在列。事实上，"塔西佗陷阱"（即存在一个临界点，在越过该点之后，统治者和政府无论做出何种努力，都无法再取信于公众）这一观念已经形成于某些国家。

任何一种从过去中学习的努力都有赖于预设某种潜在的连续性；若要假设事件和状况能够达到足够的相似程度，让我们可以稳妥地根据过去提出对未来的预测，我们便需要一个出发点。人们相信修昔底德已经揭示了这类规律，并在一种稳定绵延的"人性"或"人类状况"中发现了它们，因此我们便可以通过他的著作，在（受恐惧、利益和荣誉这三种力量支配的）国家行为中、在国际体系的本质（如著名的《米洛斯对话》[Melian Dialogue] 所言，"强者任意而为，弱者尽力忍耐"）中、在冲突的起源中辨认出符合规律的倾向。当然，这些原则碰巧正为国际关系领域中那些现实主义思想者所秉持；如今这些人又在历史中发现了它们，并声称自己的观点获得了古典权威的支撑……

然而，身为人文主义者的我们在对过去的研究中倾向于强调差异性和特殊性，强调不同历史语境如何以各种方式发生变化；我们对种种跨历史原则和连续性的主张保持怀疑态度，正因为我们对过去的详尽研究对它们提出了疑问。如果我们的目的在于从历史中吸取教训，在于说服非古典学者相信我们可以提供有用的经验，这样的状况显然只会造成不便，但我们如果要对自己的学科保持真诚，就不能否认它。我们已经清楚地看出，修昔底德所提出的只是对过去的一种阐释，并非其客观真实性，而其他阐释的可能性一直存在。过去并非一堆可以让我们用以检验现代理论的客观数据，而是一个无边无际的资料库，其中保存的是各种可能的比照与案例（取决于我们想要从中找到什么），而那些回顾它的人也的确总能从中找到自己想要的东西。身为古典学者，我们当然可以尝试约束自己对差异性的执着，约束自己对泛化的敌意，但我们必须适可而止，必须在过去被简化为当下的苍白镜像之前、在这个镜像被用作支持当下理解的绝对权威性的证据之前止步。没错，修昔底德可以被解读为某种社会科学家，但我们古典学者有责任指出：大部分被归于他的准则其实都出自他的讲述中的人物之口，不能被简单视为他本人的观点。修昔底德在现代论争中有着崇高的地位，甚至成为白宫中的讨论的对象。这是对古典的接受的又一个样本，而不是我们赖以主张古典的真实有用性的基础。修昔底德流行于当下，我们的时代也的确呈现出相当的修昔底德色彩，但这一事实意味着我们应该走向高处，而不是停下来挖掘沟壕；不过，最主要的，以上种种是我们的出发点，让我们能对那种从过去中总结出普遍原则的做法表达怀疑，也对任何想引古典权威为自己的论据的人所提出的种种理由表达怀疑。

这是我们所知的世界的终结……

1776年，爱德华·吉本以一番关于变化和腐朽的深思作为其巨著《罗马帝国的衰亡》（*History of the Decline and Fall of the Roman Empire*）作结。在此登场的，是15世纪的人文主义学者波吉奥*和他的一位友人。一天，二人共登卡比托利欧山（Capitoline Hill），俯瞰罗马城。

---

* Poggius，即波吉奥·布拉乔利尼（Poggio Bracciolini, 1380—1549）。

此地此景，大可以让人对命运的无常生出道德感慨。无论是人还是他最得意的功业，都难逃命运。无论帝国还是雄城，终会被它葬入寻常坟茔。众所周知，罗马的覆亡尤为可怕和令人痛惜，正与它从前的伟大相匹配。

抚今追昔，波吉奥评论道：

我们踞坐其上的这座卡比托利欧山，从前乃是罗马帝国的心脏，是大地上的至尊之城，令万千君王战栗；无数次凯旋的步伐将它装点，来自万国的战获和贡品令它富饶。这世界上最伟大的景观，竟如此败亡！如此变迁！如此磨灭！凯旋之路没于藤蔓；元老的长凳涂满粪秽。

这就是尘世的权力和古典文明的光荣的下场！接下来，吉本开始总结罗马的诸多丰碑最终覆灭的种种原因："一、时间和自然的磨蚀"，"二、来自野蛮人和基督徒的敌意进攻"，"三、物力的消耗与滥用"，以及"四、罗马人内部的争斗"[3]（最后一条为他着力强调），然后评论说：正是对卡比托利欧山废墟的思索让他开始书写他的历史，书写这一场在人类历史上或许最为伟大，也最为可怕的变迁。

古典时代的遗存时常令我们对自己身处其中的社会的未来展开想象；一切都会流逝，无论看上去多么雄伟，多么不朽，此时此刻也不例外。正如沃尔内伯爵*在研究古典遗迹时对自己所言：

> 谁知道，我说，我们自己的国家是不是有一天也会成为这样的废墟？此时，在塞纳河、泰晤士河和须得海**沿岸，在声色娱乐的漩涡中，多少奇景让人的心灵和眼睛应接不暇；谁知道会不会有一个像我这样的旅人，在将来某一天静静坐在它们的废墟上，为了它们的人民的遗灰，为了记忆中它们的伟大，独自垂泪。[4]

看起来，从这样令人愉悦的思绪，到产生疑惑——比起万物终有尽头这样的简单观念，古代历史是否能让我们更好地理解现代文明的衰亡？中间只有小小的一步。在回顾历史时，我们不一定要寻找潜在的连续性和普适的原则，也可

---

*　Comte de Volney（Constantin François de Chassebœuf, 1757—1820），法国哲学家、历史学家、东方学家和政治家。

**　Zuyder-zee，曾为荷兰西北部的海湾，现被阿夫鲁戴克拦海大坝（Afsluitdijk）截断后成为艾瑟尔湖（Lake of IJsselmeer）。

以寻找事物变化的节奏和事物发展的动因。如果历史是一种循环——各个社会在其中经历同样的成长、成熟和衰亡历程——我们就可以在循环中确定自己所在的位置，对未来做出预测。

罗马为我们提供了最有用的范例，或者说最常用（这一点可以肯定）的范例。这首先是因为罗马人——至少就存世的资料而言——似乎认为自己处于永恒的衰落过程之中，可悲地逊色于他们光荣的祖先。历史学家萨卢斯特提出了一种看法：罗马共和国之所以失败，是因为它被财富和奢靡腐蚀。他的这一观点在17世纪和18世纪的政治论争中反复回响，直到亚当·斯密这样的作者成功说服读者：哪怕对普通人来说，物质财富在道德上也可以是中性的。共和派关于公民精神衰败和民粹派独裁者崛起的焦虑终结了自由，在20世纪中叶得到回应，又在近年随着普京、埃尔多安和特朗普这样的人物的胜利而再次浮现。在奥古斯都用以指控共和国晚期腐化的宣传中，最明显的是女性的过度自由、传统家庭和宗教的衰落、失业，以及过度消费。比利时古代史学者戴维·恩格斯（David Engels）重拾这些指控，以证明欧洲可能正处于内战的边缘，而二十年或三十年后继战争而崛起的将是一位广受欢迎的新独裁者。[5]

然而，人们毕竟最相信那套关于衰亡的宏大叙事中包含了对我们自身命运奥秘的解答。那些可能成为预言者的人面临的一个问题是：这一现象可以有多种不同的解释，而随着时代变迁，被选中的故事也会有戏剧性的变化。爱德华·吉本将罪责归于宗教和野蛮人，并默默坚持认为他自己所秉持的启蒙价值观是未来最好的希望所在。法国人和意大利人在第一次世界大战的反德和反奥宣传中时常使用凶暴的野蛮人威胁文明的意象（见图3）。从革命的俄国流亡的伟大古代史学者米哈伊尔·罗斯托夫采夫（Michael Rostovtzeff）将古典文明的精髓归于城市中受过良好教育的中产阶级。让他焦虑的是：现代文明若不能扩散到乡村大众中去，就注定要灭亡（罗马便是前车之鉴）；然而随着扩散的发生，这样的文明又会无可避免地朽坏变质。美国人坦尼·弗兰克（Tenney Frank）——20世纪上半叶古代史领域中的另一位重要人物——则提到了罗马社会中的"种族混合"造成了毁灭性的后果，不加掩饰和批判地将之与当代社会中对跨族通婚和"身边的异族"（the alien within）的恐惧并置。现代的煽动家们利用类似的论证来指控移民和他们的异族习俗稀释或淹没了"纯正"的欧洲文化，乃至通过暴力直接夺取权力，并谴责西方社会因为腐化而否认这种威胁，也无力抵抗它。他们将自己描述为"西方文明"的真正捍卫者，尤其会将古典意象引为己用——尽管往往是以异乎寻常的方式（参见图4）。

图3 一战中的意大利宣传画：意大利女神对抗入侵的野蛮人。（盖蒂图片社）

IV 放眼未来? 109

图 4 当代"法合波"*极右意象之一例。这就是将来的法西斯主义社会需要的古典美德?

---

* Fashwave,由"法西斯主义"(fascist)和"合成波"(synthwave)结合而来,指一种电子音乐和视觉艺术类型,受到法西斯主义者和另类右翼的欢迎。

除了高呼要以据称罗马人未能做到的方式来防御边界，他们并没有太多现实的建议，更多的时候只是宣扬万能的不祥谶言和公开的种族主义。由于担心西方文化在不平等、教育水平下降、犬儒主义、冷漠、政治腐败和文化堕落的威胁下将会没落，美国作者莫里斯·伯曼（Morris Berman）提议建立一种修道院式的机构，用以保存真正的知识，让四面楚歌的精英们能躲过新的黑暗时代（尽管在9·11事件发生后，他与其他许多人一样，将注意力转向了"来到门口的野蛮人"）。⁶大多数时候，他们的当代比较的主要目的是为了掩盖仇外话语和反伊斯兰话语："我们并无偏见。他们威胁了我们的整个文明！勿忘罗马！"许多这样的比较都陈腐不堪，甚至可以说是不折不扣的愚蠢：它们堆砌种种彼此无关的案例，以一种能够凸显可能的相似性的方式来呈现（例如，9·11事件中的恐怖分子利用了美国的航空学校、银行系统和互联网，正如入侵的野蛮人利用了罗马完美的道路网络）。出于显而易见的原因，过去与当下之间的众多差异被他们忽略。对罗马帝国的危机展开更细致、更专门化的研究并不会让我们对当下和未来的发展进程做出更好的、更详尽的预言，却能让我们对此类比较究竟有何用处提出疑问，这一点几乎无须赘言。

面对这些启示式的幻觉，我们能做些什么？应该做些什么？我们可以看到罗马人如何把讲述自己的过去当成一种评论当下的手段，也可以看到他们的当下行动如何受到关于过去的观念的塑造。我们当然也可以从类似的角度出发，探究现代这些关于衰亡的叙事，将它们与罗马的先例和后世的解读加以对照，例如这类讲述如何满足一种心理需求——人们显然更愿意**确信**他们的厄运"因为历史"而已经注定，而不是去面对未知。此外，这些叙事强调某些威胁甚于其他威胁的方式也令人吃惊。已有大量证据表明，气候变化和环境退化助长了晚期罗马帝国所遭遇的危机，尤其是触发了横跨欧亚大陆的大规模人口流动，但并没有太多人将这些证据用于支持采取紧急行动应对现代气候变化问题的呼吁。相反，历史环境状况（包括所谓"罗马温暖周期"）方面的证据更容易遭到噤声，以证明全球气温变化完全是自然的，不必为之忧虑。关于野蛮部族川流不息地越过边界的讲述却是车载斗量，用意在于为更具压迫性的移民政策召唤支持，而其根据则是：历史让我们**明白**了宽容和懒于行动将会带来什么样的后果。

　　古典研究最主要的任务并非容忍这些讲述，而是质疑它们，以回归事实，以重新凸显世界的复杂性和我们关于过去的知识的不确定性。当然，后一点会造成问题：学术研究要求谨慎，拒绝越过证据所能支持的范围，因此它的故事似乎总是不如好辩者和极右翼煽动家的故事那样有力。然而我们从来不会尝试说服这些人，因为他们不会真诚地关注历史论证的问题。我们的受众只能是那些没有背负此类意识形态负担的人：他们或许会被关于历史教训的自信断言动摇，或许也能倾听专长于这个领域的人的意见。

人类问题

修昔底德在其著作中真正告诉我们的，即他通过"人类状况"一词想要表达的，是这样一种认识：从许多方面来说，无论在对自身境遇的判断上，还是在决策上，我们的表现都相当糟糕，不是过于乐观，就是过于悲观，不是兴奋，就是恐慌，同时还极易受到操控式话术的影响。换言之，修昔底德事实上对任何将复杂而不可预测的世界简化为一套简单的规则和信条的做法都保持着警惕，更不用说那种根据对未来之事的自信预测（"因为历史"，所以如何如何）而做出的决定。他强调了我们的知识的局限性，强调了任何境遇中内在的不确定性，也强调事件完全可以有不同的结果。"实际上，情况要比那复杂得多"是人文学者的永恒慨叹，基于我们对历史何以确实具有复杂性和不可预测性的深入研究；然而，与其说这样的慨叹是个问题，阻止了我们给予当下以有用指引，不如说它是我们对讨论的核心贡献。

有人评论说古典学者并非理论的生产者，而是消费者。我们就像喜鹊，从每一个看起来对我们的目标有用的学科中搜集想法，却不能用这些想法生产出对别人有用的东西。我们也可以从另一个角度来看待这个问题：我们用来自其他学科的种种自信声称来解释世界（或至少是它的某个方面），对这些声称进行破坏性的压力测试。我们用人类社会彼此差异巨大这一事实来考验那些可能成为普遍准则的东西；我们将那些用于解释现代社会中某个已被精细描述的领域的理论投入角斗场，让它们彼此竞争，打破经济、社会、文化和政治等领域之间人为构筑的藩篱。我们时刻提醒人们不要忘记一个事实：**世界的确是**复杂和多面的，而人类（不仅仅是现代社会科学学者，也包括柏拉图这样的人物）可以将其某些侧面隔离出来，为了分析的目的而有意忽略复杂性，以提出关于世界运行方式的有力洞见，然而这样的洞见永远都是不全面的，也是有限的；如果我们由此便认为世界应当与这些洞见一致，它们便可能会对我们产生危险的误导。

与对其他任何社会的研究一样，对古典时代的研究拓宽了我们的知识边界，也拓宽了我们对人类、对我们这个物种何以可能既可预测又不可预测的理解。我们能够从过去的历史辨识出某些倾向，发现人类何以在面对特定状况、面对不同语境中类似问题的重复出现时确实往往会做出相似的反应；但我们也会发现他们如何可能对看似相似的状况做出差异明显的反应，以及这种现象背后的原因。过去人类的经验无法让我们确知当下和未来的人类的行为，但它们能对其他学科中那些过于自信的、关于人类行为抉择的声称起到一种纠正作用。这种纠正或许体现为一种针对简化假设的预防性原则。我们明白：当下与过去（更不用说远至古典时代的过去）在许多重要的方面都是不同的，因此这一次情况可能会不一样；但我们同样可以依靠过去的经验来扩展我们对种种可能性的认知。我们可以防范那种认为当下必然更为优越的信念，因为古代社会明显有其自身的高度复杂性和成熟性；我们也可以抵御那种通过讲述过去如何伟大和当下如何堕落的故事来将失落的过往加以理想化的冲动。最重要的是，对古典时代，尤其是古典时代中某些最敏锐的评论家的著作的研究，凸显了视角、文化滤镜和假设在决定形成过程中的重要作用。阅读荷马、修昔底德、柏拉图、西塞罗，或者阅读其他任何古代文本，都不会带来答案，却可以让我们看见提出问题、承认不确定性的必要性。

这样视角大大拓展了我们在与当下和它的种种可能未来的有效对话中可以使用的文本与案例的范围：不限于那些能够给出关于社会/政治组织的清晰预言或准则的、看起来多少有些类似现代社会科学的内容，也包括任何能够告诉我们何为人性的东西；不限于一种单一的、不变的人类类型，也包括力量、弱点、创造性和冲突的完整光谱。希腊悲剧在这方面达到了极致，但荷马和维吉尔笔下的角色，柏拉图、亚里士多德、塞涅卡和奥古斯丁的思考，以及历史学家所讲述的事件也是一样；此外，那些保存于铭刻、涂鸦和日常生存所需的简单器具上的、关于更普通生活的记录同样如此。

过去的未来

古典学无法提供关于未来的推想或预言，但它的潜力并不局限于充当卡珊德拉这样的角色——对过度自信和傲慢所导致的危险发出（或许徒劳的）警告。对未来进行富有成效的思考不仅仅意味着尝试预测它（事实上，我们甚至可以争辩说尝试对未来发展做出任何预测都是徒劳，过去的经验更是确认了这一点），也意味着对何为我们真正期待的未来的斟酌。如果我们的命运并非早已注定，团结起来的我们便有力量争取一种未来而非另一种。过去已向我们证明生活曾有别的可能性，所以未来仍然还会有别的可能性，只要我们愿意做出选择。

这并非暗示理想化古典世界的古老传统将会复活，以抗衡现代性的衰朽堕落。只有既清晰了解古人行为中富有魅力的方面，也清晰了解它们的局限性，这样的推想才可能有意义。古代并非典范，至少不是值得我们盲目模仿的典范，但我们可以发现它的某些方面代表着我们希望能在未来重现的东西，也可以基于我们对古代的了解，以更为谨慎的态度来想清楚这个问题。一个明显的例子就是民主制。我们和雅典人一样，都把这个标签用于各自的政治制度，尽管二者之间有着明显而数量众多的差异。关于二者的对照，存在着一种论争传统，暗示我们的制度并非**真正**的民主——如果我们仍旧保留着雅典的贝壳放逐习俗，可以通过公共投票将对立的政治人物暂时放逐，难道不好吗？（我承认，我有时也会觉得这种想法很有吸引力。）然而除此之外还有另一种更有意义的传统：它尝试理解差异，理解差异背后的原因。代议制民主难道仅仅是一种现实解决方案——让今天身处人口数以百万计的政治社群中而非人人相熟的希腊城邦式微型社会中的大众仍能获得政治地位？如果在技术的帮助下，我们在每一个议题上都回归全民直接投票的想法在理论上成为可能，我们是否应该努力实现它（我们已经看到了它在雅典造成的后果，也了解当时像柏拉图、修昔底德和阿里斯托芬这样的作者对它的种种批评）？雅典人的参与制民主是否如一些人所言，有赖于奴隶劳动？如果事实的确如此，那么今天的我们是否能够解决这个问题？一幅如《伯利克里在殉国将士葬礼上的演说》所描绘、由爱国者组成的文化同质社群的图景，是值得我们追求的目标，还是一场充斥着同一性和操控话语的噩梦？

思考未来不仅意味着对目标和可能去向的想象；我们在过去中同样能看见噩梦中的情景，并由此明白哪些道路应该避免。修昔底德著作中最有力的篇章正是对种种社会纽带和文化习俗之崩坏的描绘，而古典文学所有领域中的一个恒常主题则是暴君和以自我为中心的精英群体对权力的滥用。古代社会在多大程度上建基于对人类（主要是奴隶，但也包括女性和大众）的剥削和贬低之上，不能仅仅是让我们现代人为自己的进步感到满意的理由，也是一种警醒，告诉我们：如果没有人能辨认出各种迹象或是想要阻止，我们便很容易滑回那样的社会。我们的确有必要审视我们不愿进入的种种未来成为现实的可能（参见彼得·弗雷泽 [Peter Frase] 在《四种未来》[*Four Futures*] 中提出的设想）；古代呈现出大量令人恐惧的可能性，让此种推想有了根据。

这种审视显然是古典研究者的责任；对不同世界的想象尝试在古代文学中随处可见——作者以这种手段来评论现实，并尝试塑造可能的未来。琉善描述了一次前往月亮的旅行；阿里斯托芬想象出各种神奇的场景——例如一个由女人统治的雅典、一个消除了贫困的世界——部分出于引人发笑的目的，但更重要的是作为一种探究：若以此种方式对当前状况加以改造，将意味着什么，又会带来什么样的后果？柏拉图构建了一个乌托邦，即《国家篇》（*Republic*）中的幻想之城，以此展开对公正、社群本质等问题的透彻思考，直抵其逻辑结论。有人认为《国家篇》是推想式科幻小说的最早样本。这种想法诞生于乔·沃尔顿（Jo Walton）的忒萨利系列小说：小说描述了一个现实版本的柏拉图之城的建立；作者以这种方式来评论柏拉图的想象，并探究更深远的问题（一个真正良善的政治社群可能是什么样的？）。此外，这也是古典时代研究帮助我们设想种种可能未来并为之做好准备的另一种方式：古典学给予我们的不仅是实物，也有关于形态和方法的新观念——我们对世界的思考并非只能通过分析式的论文和抽象的理论来实现,也可以通过戏剧、喜剧、艺术和表演来实现。它拓宽了我们的资源和可能性;它为我们提供了一个观照我们的时代和假想的有利视角;它是我们作为人类而继承的遗产的一部分,却又驱使我们对何为人性、何为我们这样的命题的每个方面提出质疑。在此,请允许我以弗雷德里希·尼采的话作结:

> 因为,我不知道在我们这个时代里古典研究有何意义,除非它们能通过自身的不合时宜性来发挥作用——也就是说,来与我们的时代为敌,由此影响它,并(一如我们的希望)对未来的时代有所裨益。[7]

注释

[1] Thucydides 1.22.4.

[2] Graham Allison, *Destined for War? Can America and China Escape Thucydides's Trap?* (New York, 2017) 其中奥登的诗句出自《一九三九年九月一日》("1 September 1939" [1939], in *Another Time* [New York, 1940], p. 48）。

[3] Edward Gibbon, *The History of the Decline and Fall of the Roman Empire* [1776] (new edn, R. Priestley et al.: London, 1821). 上文中的引文来自第8卷第71章，第358—359页；作者在第362页列举了罗马毁灭的四条原因，并在后文中一一详述。

[4] Constantin-François Volney, *Volney's Ruins: or, meditation on the revolutions of empires* [1794], trans. Thomas Jefferson & Joel Barlow (Paris, 1802), p. 15.

[5] David Engels, *Le déclin: la crise de l'Union européenne et la chute de la République romaine* (Paris, 2012).

[6] Morris Berman, *The Twilight of American Culture* (New York, 2000); "Waiting for the Barbarians", *Guardian,* 5 October 2001 (https://www.theguardian.com/books/2001/oct/06/books.guardianrevie w5).

[7] Friedrich Nietzsche, "Vom Nutzen und Nachtheil der Historie für das Leben", Unzeitgemässe Betrachtungen [1874], in *Sämtliche Werke: Kritischen Studienausgabe* I, ed. G. Colli & M. Montinari (Berlin, 1967), p. 247. 英文系笔者译出。

后 记

写作本书的一个意外之喜就在于想象我的一些朋友、优秀的同事和古典学领域的媒体评论员们在发现以下事实时的反应——写这本书的人竟然是我。莫利不是古代史学者吗？可算不上严格意义上的古典学者。没错，在论及古代世界历史研究时偶尔对传统古典学的缺陷大为不恭的人，不就是他吗？这应该会是他们在读到我对他们热爱的学科要说的话之前的反应。要出版一本声称为古典学声辩的书，难道Polity出版社就不能找个合格的古典学者来写？

的确，作为一个古典时代领域的职业教师和研究者，二十多年来我的主要兴趣一直集中在广义的"历史"题材上：我当然从未研究过语文学问题，也没有写过文本评注；此外，我的拉丁语诗歌欣赏能力（更不用说创作水平）或识别互文指涉的能力往好了说也是微不足道。从前，我有时会将自己描述成"一个研究古代的历史学者"，因为我担心自已会太过偏离历史研究的主流，和那种缺乏批判性地专注于古代精英群体及其想法的古代史研究走得太近。我确实懂得一些希腊语和拉丁语，足敷我的研究之用，不过，正如你可能已经发现的那样，我对那种认为**只有**古代语言造诣深厚之人才有资格从事对古典世界的严肃研究的说法深表怀疑，因此我对自己不能得到"严格意义上的古典学者"这样的头衔并无不满。在许多方面，古典研究的传统和人们将古典时代用于种种不同目的的方式都令我深感困扰。

然而我仍深深投入对古典时代及其遗产的研究。或许我永远不会成为一个严格意义上的古典学者，也永远不会乐意被人如此称呼，然而，如果德语中的 *Altertumswissenschaftler** 在英语中能有一个方便好用的译名，能覆盖这一主题中的所有不同方面而不仅仅是历史领域，我会很乐意接受它。在我看来，"古典研究"并非如传统派有时认为的那样，是古典学的不完全版本或者说低级版本，适用于语言能力不足的研究者；它代表的是古代研究中综合的、比较的和多学科的路径，适合我从自己还是一个思维狭隘的毛头研究生时开始逐渐形成的教学和研究方法——当时我曾与玛丽·比尔德

---

* "古代研究者"。

（Mary Beard）争论"古典学者"是否是一个值得骄傲的身份。

现在的我不会再那样独断，这也是我在犹豫了一阵之后愉快接受了写作本书的邀请的原因。部分意义上，这仅仅是因为在过去二十多年里我的兴趣已经有了成长和拓宽，涉及了一些更广义的历史主题，如古典的接受（这种接受既发生于文学中，也发生于更冷静的社会科学和哲学讨论中）、文化与智识的历史，以及最重要的——修昔底德的无穷复杂性。因此，较之从前，如今我把更多时间投入对文学和哲学主题的研究。在另一方面，这也是因为古典研究本身也发生了变化，并且仍在变化之中，使得我学生时代记忆中那些不同路径之间的区分、意识形态差异和领土争夺变得不那么重要，也不那么有意义（至少在某些语境中如此）。我们不仅可以与彼此展开卓有成效的对话；一个越来越清晰的事实是，**只有**通过这样的对话，我们才能真正拓展我们关于古代社会和古代文化中最重要的问题的知识和理解。今天的古典研究已经成为一个富有生气和创意，同时又成熟而不乏深思的研究领域；我有什么理由不投入其中？

此次智识之旅的第三个方面，是我越来越感觉到古典研究的整个传统（不仅包括古典过去中的历史现实，也包括它的影响、传统和再阐释等诸多支流）需要有人捍卫，以抵挡外来的威胁。其中一些威胁显而易见且已为我们熟知，例如中学和大学中正在流行的贬低人文学科（或者至少是迫使它们服从于某些狭窄的、工具主义式的要求）的倾向，另外，没错，还有政府中和其他权威位置上的一些人物对学生坚持想要学习这些学科的明显不满。身为古典学者，我们太过习惯于被边缘化、被诋毁，也习惯了迫在眉睫的资金难题；何况，我也感到有必要重申这一学科的研究在我看来能为世界的未来做出的真正贡献——其中包括对某些想要支配这一未来的人心目中的优先事项的质疑。然而，较之其他许多人文学科，古典学科更加受到来自某些声称重视它的人的威胁——他们寻求用"严格意义上的古典学"这样的狭隘而传统的概念来局限它，或是限制古典学只对享有特权的精英群体开放，或是利用古典时代文化来支持自己的意识形态主张。

在我写作这本书的同时，上述最后一种情况已经变得前所未有地明显，这本书也因此变得更加愤怒，更加直白地具有政治色彩。在我看来，过去几年中古典时代在更广大的公共话语中的曝光程度已经达到了近几十年及至上百年未有的水平，但这种曝光并非总是能让这一时代的研究者感到可以完全接受。无论我们是否喜欢，古代世界及其遗产已经被明显地政治化了：罗马时代的不列颠是否曾是一个多族群社会，古典时代雕像是曾有涂色还是原本就是白色大理石状态，罗马帝国是被移民浪潮还是被敌对的野蛮人淹没，修昔底德是否证明了权力必定会击败正义，在特定人群眼中，这些**都是**重要的问题。关于它们的争论可能往往与古典时代的真实情况（就我们所能复现的真实情况而论）或当下的学术认识没有太大关系；事实上，2017年社交媒体上曾有争论——不列颠岛上是否有过非洲裔居民？白色大理石像是否只是一种年代误置现象的争论？关于这些争论最令人吃惊的一点就是，以上问题多年前在学术共同体中就已经有了定论，却仍然将我们紧紧纠缠其中。我们面临选择：是应该反抗这样的神话和错觉（反抗的同时也会碰上一个问题——我们会根据证据的状况来谨慎界定哪些是我们可能知道的，哪些是不可能知道的，而在另类右翼的键盘战士们和自信的通俗社会科学营销者看来，这种谨慎总会显得迂腐和顾左右而言他），还是允许这些被歪曲的信息不受阻碍地流播于课堂之外的世界，以换取更为安宁的生活，同时坐视我们那些更勇敢、更直率的同事因为试图反击这样的盗用而被厌女主义和反犹主义的辱骂和死亡威胁压倒？

　　古典研究的责任就在于更好地从其各个侧面来理解古典时代及其遗产。然而这种理解并非仅是一个自足的目的；它之所以重要，是因为古典时代及其遗产仍旧对我们的世界有着影响力，尽管这影响力有好的方面，也有坏的方面。无论

131 我在古典学领域的同行们会如何评价我对这门学科及其为何重要的理解，我仍希望他们能够同意我的以下看法：我的理解有讨论的价值，而古典学者也应该思考他们在这个世界上的位置，并直面这个世界。

我要深深感谢Polity出版社的帕斯卡尔·波尔舍龙（Pascal Porcheron）给予我写作此书的机会，感谢匿名审读者为本书给出了评论和建议，感谢贾斯廷·戴尔（Justin Dyer）在审稿过程中的理解和细致。我很乐意把本书献给所有在这些年里启发了我的古典学者们；这些启发来自他们以新的方式对古典时代及其遗产做出的阐释，来自他们在智识上和政治上的热忱所树立的榜样，或者仅仅来自他们曾迫使我更谨慎、更有批判意识地反思我自己的想法。这些学者包括达尼埃尔·艾伦（Danielle Allen）、莎拉·邦德（Sarah Bond）、利兹·格罗恩（Liz Gloyn）、埃米莉·格林伍德（Emily Greenwood）、约翰娜·哈宁克（Johanna Hanink）、凯特琳·哈洛（Katherine Harloe）、劳拉·扬森（Laura Jansen）、唐娜·扎克伯格（Donna Zuckerberg），以及（一如既往的）安妮（Anne）。

延伸阅读

公共部分

Mary Beard & John Henderson, Classics: a very short introduction (Oxford, 1995) .

Edith Hall, "Classics for the People", *Guardian,* 20 June 2015: https://www.theguardian.com/books/2015/jun/20/classics-for-the-people-ancient-greeks.

Dan-el Padilla Peralte, "Why 'Why Classics?'", Stanford University, Department of Classics: https://classics. stanford.edu/dan-el-padilla-peralta-why-why-classics.

Josephine Crawley Quinn, "Against Classics", Women's Classical Committee, 27 October 2017: https://wcc- uk.blogs.sas.ac.uk/2017/10/27/against-classics/.

网络杂志 Eidolon (https://eidolon.pub/) 是一个可靠的资料库，收录了一些对古典学研究（尤其是古典学与现代世界的关系）的精彩反思。

第一章

Edith Hall, "Putting the Class into Classical Reception", Royal Holloway, University of London: https://www. royalholloway.ac.uk/crgr/documents/pdf/papers/classicsandclass.pdf.

Neville Morley, *Antiquity and Modernity* (Malden, MA, 2009).

Christopher Stray, *Classics Transformed: schools, universities, and society in England, 1830-1960* (Oxford, 1998).

第二章

在以下两个重要的作品系列中,读者可以找到关于古典研究和古代史研究所利用的不同种类的证据的介绍:1,劳特里奇出版社的 *Approaching the Ancient World* 系列 (https://www.routledge.com/Approaching-the-AncientWorld/book-series/SE0153);2,剑桥大学出版社的 *Key Themes in Ancient History* 系列 (https://www.cambridge.org/core/series/key-themes-in-ancient-history/3DC870F8689FE12C7A855 D858D 93B9A0)。

第三章

Lorna Hardwick & Christopher Stray, eds., *A Companion to Classical Receptions* (Malden, MA, 2007).

Charles Martindale & Richard F. Thomas, eds., *Classics and the Uses of Reception* (Malden, MA, 2006).

第四章

Peter Frase, *Four Futures: life after capitalism* (London, 2016).

Jo Walton, *The Just City* (New York, 2015); *The Philosopher Kings* (New York, 2015); *Necessity* (New York, 2016).